うまくいく人はやっている

開運する習慣

方位学鑑定家
柴山壽子

SOGO HOREI PUBLISHING CO., LTD

はじめに

「人生が思うようにいかないのはどうして？」
「今自分にできることはやっているのに、なかなか状況が変わらない……」

そんなふうに考える人は多いでしょう。昨日までは順調だったのに突然思いもよらぬ不幸に見舞われ、進むべき道を見失ってしまった人や、目標に向かってがむしゃらに頑張り続けているのに結果がついてこない人など、**人生にはどうしても、自分の力だけでは解決することができない出来事がたくさんあるものです。**

あなたは、**目には見えないけれど人を幸運に導く力が存在する**といったらどのように思いますか？「そんなものがあるはずない」と、一笑に付すでしょうか。
実はその力を解明するために、400年も前から古代中国を源流として多くの人々が研究を重ね、その叡智《えいち》は今を生きる人にも伝承されてきました。
400年もの長い間にわたって学ばれ続け、そして実践されてきたのは、その中に確かな真実が存在するからではないでしょうか。

そうした先人たちの叡智の1つとして、私が長年研究している「**方位学**」という学問があります。**方位学は本来、戦で用いる兵法として使われてきました**。三国志で有名な諸葛孔明《しょかつこうめい》は方位学を駆使することで、逆境を切り抜けて戦いに勝利したと伝えられています。

ほかにも、皆さんご存じの**『桃太郎』も方位学が深く関係しています**。桃太郎が退治する鬼は非常に強力な存在ですが、なぜ鬼退治に犬、猿、雉という動物がお供に選ばれたのでしょうか？　一見それほど強そうには思えない3匹の動物ですが、実はそれぞれ選ばれた理由があるのです。

鬼は丑寅《うしとら》の方角である鬼門としても有名な存在ですが、実はその対の方角にあたるのが戌《いぬ》（犬）、申《さる》（猿）、酉《とり》（雉）なのです。つまり、**鬼退治＝鬼門封じとして、犬、猿、雉の3匹が選ばれたのです。**

このように古くから実践的に活用され、昔話にも取り入れられている方位学ですが、私はそれを使って、人生の危機に立たされた人たちの相談を受けてきました。

私のところに相談に訪れる方は、「**人生を好転させたい**」という切実な思いを抱えてお見えになります。私はそんな方々を鑑定し、鑑定の中で、その人の「**吉方位《きっぽうい》をみる**」ということを行い、「**動くことで運をつかむ**」ための方法をアドバイスしています。

また、時には**開運できる方位を導き出し、その方位にある神社にお参りに行っていただくこともあります。**人生が苦しいときには、素直に神様に頼って力を貸していただくのが一番だからです。神様にきちんとお願いすれば、必ず手を差し伸べてくださいます。

世の中には一定数「運の悪い人」がいて、なかなか成功できずにくすぶっている方がいます。実はそのような方々には、次のような共通点があります。皆さんの周りにも次のような方がいるのではないでしょうか。

- 「疲れた」が口癖となってしまい、文字通り何かに取り憑《つ》かれているような人
- 過ぎたことをいつまでも気にしてしまう人
- 良くないことが起きたとき、これから先もずっと良くないことが起きると思い込んでしまう人

こういう人は、残念ながら自ら幸運を遠ざけてしまっています。

では一方で「運の良い人」は、物事をどのように考えるのでしょうか。

例えば、「悪夢を見た」とします。そんなとき、運の良い人は決してくよくよせず、すぐに夢の内容を誰かに話すなどして気持ちを切り替えます。話すという言葉

には放す、離すという意味もあり、悪いものを自分の内側に留まらせないようにすることができるのです。

運の良い人は、何が起きても「何とかなる」と物事を良いほうに捉え、笑顔で乗り切ろうとするのです。周りの人も、こうした明るくて前向きな人には積極的に手を差し伸べたくなるのではないでしょうか。

このように考え方1つとっても、運の良し悪しに大きく関係していますが、さらに方位学の知識を用いることで、より一層実力を発揮できます。理想の自分に近づくことで、より良い人生を送っていきましょう。開運を願い、人生を前向きに生きることを心から望めば、自分の人生が切り開いていきます。

ぜひ、本書を通じて今日からできる開運方法を実践してみてください。

柴山壽子

はじめに……2

神社編①

成功の秘訣は神社にあり

知っておきたい神社の基礎知識……14
普段はあまり意識していない神社とのかかわり方……22
神事は昔から日本人が続けてきたこと……24
成功している人ほど神事を大切にしている……27

神社編②

神社についてくわしく知ろう

神社は難しく考えなくて良い……40
神社にはそれぞれ専門分野がある……42

自分と相性の良い神社の探し方……45

神社編 3

神社での正しいお参りの仕方

実は2種類あるお参りの方法……50
知っておきたいお参りの作法……53
基本は二礼二拍手一礼……57
玉串料、初穂料、お賽銭はいくらが良い？……66
服装の決まりはある？……69
お願いが叶ったら必ずお礼参りをする……72
願いが叶わないお願いの仕方……76
願い事は1つにする……85
複数の神社に同じお願いをするのはNG……89
身内に不幸があった場合……92

方位学編①

方位学ってなに？

方位学は古代中国を源流に持つ学問……96
方位学で重視するのは「いつ」「どこに」動いたか……109
吉方は全員同じではない……111
吉方に動けば運気上昇、凶方に動けば運気低下……114
生まれ持った「先天運」……125
人生は先天運と後天運のバランスによって決まる……127

方位学編②

方位学についてくわしく知ろう

九星について……130
本命星について……133

一白水星人……136
二黒土星人……141
三碧木星人……146
四緑木星人……151
五黄土星人……156
六白金星人……161
七赤金星人……167
八白土星人……172
九紫火星人……177
月命星について……182
方位と十二支の意外な関係……185

方位学編

3 今日からできる開運方法

身近な開運方法……194
九星別　運気をアップさせる行動……198
おわりに……220

装丁：木村勉
本文デザイン・DTP：横内俊彦
校正：新沼文江

神社 編

①

成功の秘訣は
神社にあり

知っておきたい神社の基礎知識

私たち日本人にとって神社は非常に身近な存在ですが、神社とはどういうところか考えたことはありますか？

「神様がいるところ」「初詣に行くところ」「鳥居[※1]がある建物」など、さまざまな見解があると思います。いずれも間違いではありませんが、**今のうちに神社の知識を身につけておくことで、今後の神社への参拝がより意義深いものになります。**

※1 神社の入口に建つ門の1つであり、神社の象徴として神様の聖域と人間界との境界を示している。

◉神社はどのようにできたのか

まずはじめに、神社の成り立ちからみていきましょう。

古代日本では、自然の山や岩、木、海などに神が宿っていると信じ、信仰の対象としてきました。神様が天から降りてくるとされる山や島、あるいは神様が依《よ》りつくといわれている土地に、祭りを行う場所である祭場《さいじょう》を造っていました。

そのように神様が依りつく場所を「依代《よりしろ》」といいますが、依代には森林や樹木、岩石などがあります。神様が降りてくる場所を岩や柴などで囲って目印としたものが、今でいう「しめ縄」[※2]です。

当時は祭りを行うたびに祭場を造っていたのですが、やがて人々が定住し、祭りの規模も拡大してくると、神様の仮屋が造られるようになりました。これを「屋《や》代《しろ》」と呼びます。

神社の起源は、仏教が伝来した6世紀以降となります。仏教の伝来により、寺院が建てられるようになると、それを真似した恒久的な建物が造られるようになりました。それが建物としての「神社」という考え方に発展していったのです。

※2 神聖な場所の境界を示すためのもの。神社の境内は清浄なところだが、特に清浄を保つべきところにしめ縄を張る。

つまり**神社とは、神事の際に天から神様が降りてきて、一時的に留まる仮の宿**なのです。そして、神様が祀《まつ》られる本殿《ほんでん》※1や拝殿《はいでん》などがあり、神職による祭祀《さいし》※2が行われ、多くの人が参拝できる施設の役割も持っています。

◉神社に参拝することで起こる変化

では、神社に参拝する目的というのは何なのでしょうか。「はじめに」でお話しした通り、私はお客様に「この時期に、この神社に参拝してきてください」とお伝えすることがあります。

お伝えした神社に行っていただくと、どなたにも必ず何らかの変化が起こります。それは、目に見える大きな出来事だけではありません。見た目には変化が見られない場合でも、**神社に行けば、皆さん必ず「気持ちが変わりました」とおっしゃいます。**

※1 本殿とは、神霊を宿した御神体を安置する場所のこと。拝殿とは、拝礼（お祈り）を行う場所を指す。お賽銭、ご祈祷、お祓いなどは拝殿で行われることが多い。

※2 神仏や祖先をおまつりする宗教的要素のある伝統的な儀式を指す。神仏の恩恵や加護、ご利益を願う気持ちなどの意味合いがある。

気持ちが変わると行動が変わり、行動が変わると状況が改善していきます。つまり、**気持ちが変わったということは、状況改善への第一歩なのです。**

「人の気持ちを変える」ということが決して簡単ではないのは、今までの経験の中でご存じなのではないでしょうか。私のところに相談にいらっしゃる方は、まさに苦境の真っただ中にいる方が多いため、不安と焦燥感で周囲が見えなくなっています。

そのように周囲が見えない状況の方でも、神社に参拝していただくことで気持ちの切り替えができます。**正しい時期に、正しい方位の神社に行き、正しい作法で参拝し、心の底からお祈りすることで、どんな人でも必ず気持ちが変わり、行動を変えることができるのです。**

しかし、覚えておいていただきたいのは、神様は願いを直接叶えてくれるわけではないということです。神様はあくまでも私たちを見守り、サポートしてくれる存在です。努力している人を見て、「これだけ頑張っているのなら、少し手を貸してあげよう」という思いで守護してくれます。したがって、神様の力というのは非常にさりげなく現れますので、**神社にお願いした後はよく注意して行動し、開運のきっかけを見逃さないようにしなければなりません。**

◉宗教の本来のあり方

日本は古来から、自然物や自然現象、思考、災害、人物、創造主、王権などを神格化してきました。

実は、私はこれまでさまざまな宗教に入り、自分の体験を通して、宗教というものを研究してきました。その中で気がついたのは、日本の神道には、ほかの宗教とは決定的に違う大きな特徴があるということです。それが、「**来るものは拒まず、去るものは追わず**」という精神です。

私たち日本人は、初詣で神社にお参りするにもかかわらず、クリスマスやバレンタインデーを1つのイベントとして祝います。また、七五三や合格祈願は神社に行くのに、結婚式はキリスト教の教会で挙げ、お葬式はお寺で行うという人も少なくありません。こういった習慣は、日本人の面白いところでもありますが、そのような態度を神社が咎《とが》めたという話は、聞いたことがありません。

また、神社は街で信者を勧誘することもありませんし、いつも参拝に来ていた人が急に来なくなっても、「どうして最近来ないんですか？」と追いかけてくることもありません。

神社との付き合い方は完全に個人の自由であり、人それぞれ、自分の気持ちに合わせてお付き合いすることができます。こういう姿勢を取っている宗教は、世界中どこを探してもほかにありません。

キリスト教やイスラム教など「一神教」の宗教では、自分たちが信仰する神様を絶対神とし、それ以外の神を認めていません。

また、信者に厳格なルールを設定している宗教もあります。

例えば、イスラム教では1日5回のお祈りを決め事としていて、どこで何をしていても、決まった時間になると、聖地であるメッカの方角に向かって3度礼拝します。食べてよいものといけないものの区別や、禁酒や断食などといった細かいルールがあり、それに則《そく》した生活をしなければなりません。


さらに、新しい信者を獲得するために勧誘活動をする宗教も多くあります。ほかの宗教を信仰している人を見つけると改宗を迫り、自分の宗教に引きずり込んだりするところもあります。

悪質な新興宗教では、お布施や献金をノルマのように強要することもよくありますし、いったん入信すると、やめたいといっても簡単にはやめさせてくれないところもあります。

これに対して、**神道では、たくさんの神様を同時に信仰しても問題はなく、「八百万《やおよろず》の神」といって、自分のご祭神以外の神様の存在を認めています。**

もちろん日本神道にも深い世界はあるのですが、それを人に強要することは一切なく、人それぞれの考え方で、自由にお付き合いすればよいのです。そのため、外国人でも、違う宗教の人でも、神社には自由にお参りできますし、逆に、全くお参りしなくても何の罰則もありません。

日本の神様は、このような広い心でいつも私たちを見守ってくださっています。

これまでにご紹介したような、神社についての知識が少しでもあれば、参拝がより意義深いものになります。

普段はあまり意識していない神社とのかかわり方

日本に生まれ育った私たちは、神社に初詣に行ったり合格祈願に行ったりと、**程度の差はあれど神様を信じ、神社とかかわりを持ってきた方が多いことでしょう。**

人生での最初の神社とのかかわりは、生まれて間もないころの初宮詣《はつみやもうで》、いわゆるお宮参り[※1]の人が多いと思います。おくるみにくるまれ、ご両親に抱かれて初めての参拝をされた方は多いでしょう。

お宮参りの記憶は残っていなくても、七五三で神社をお参りした思い出なら残っている人は多くいるはずです。また、お正月には初詣に行ったり、夏祭りの際にはお友達と一緒に縁日に出掛けたり、楽しい思い出が残っている方も多いでしょう。

受験の時期になれば、志望する高校や大学への合格を祈願するために神社へお参

※1 赤ちゃんの誕生を祝うための生後初の大きな行事。その土地の氏神様に、赤ちゃんが無事生まれた報告をして、今後の成長とご加護のお祈りをする。

りして、絵馬を奉納した経験がある方もいらっしゃるでしょう。また、就職試験や面接のときにも、神社に参拝した経験がある方は多いのではないでしょうか。

社会人になっても、良い仕事をして出世がしたい、あの人と幸せな結婚をしたい、あるいは安産祈願など、私たちは人生の節目を迎えるたびに神社に行き、たくさんのお願いをしてきました。

このように、意識をしたことはないかもしれませんが、皆さんは**神社と密接な関係の中で生きています**。それにもかかわらず、神社での正式な参拝方法や作法を教えてもらう機会は少ないのではないでしょうか。

本書では、神社での作法も余すことなくお伝えしていきます。これまで以上に神様に力を貸していただけるよう、これからは意識的に神社とかかわりを持つようにしてみてください。

神事は昔から日本人が続けてきたこと

家やマンションを建てるとき、神社にお願いをして地鎮祭《じちんさい》※1を行います。また、大規模商業施設やオフィスビルの建築、インフラ整備のための開発など、大工事の前には必ず神社で安全祈願をし、現場には神棚《かみだな》※2をおまつりします。これらの工事を請け負うのは、ゼネコンと呼ばれる大手建設会社ですが、彼らが神事を怠ることはありません。

また、プロ野球のチームがシーズンに備えて温暖な地で行うキャンプでは、監督をはじめ選手全員で地元の神社を参拝し、練習の無事を祈ります。その様子をテレビや新聞が毎年のように報道しますが、「神社に行ってないで早く練習しろ」などという人はいないでしょう。

※1 建築工事や土木工事が始まる前に神主を招き、その土地の神様に対して工事の安全を祈願する儀式のこと。

※2 家や職場などで神様をまつるための棚。

俳優や歌舞伎役者も、公演の前には神社を参拝しています。特に、歴史上に実在した人物に関する作品を扱う場合には、その人物にゆかりのある神社を参拝して、事故のないようにお祈りします。

そのほかにも、日本映画界の大スター、政治家、企業経営者、オリンピック選手も同じように参拝しています。**どの分野でも、成功している人ほど神事を大切にしているのです。**

◉神事を大切にすることとは、先祖を大切にすること

もしかしたら若い方は見たことがないかもしれませんが、昔はどの家庭にも神棚があったものです。私が育った家にも神棚があり、朝起きると母親に「神様にお水をあげてきて」といわれ、毎日、神棚のお水を交換していました。

神棚には、「先祖」という意味があるのをご存じでしょうか。神事を大切にすることは、先祖を大切にすることと同じです。親が神棚を大事にしているのを見て、

自然と子どもは先祖、そして目上の人や親を大事にすることを覚え、それを当たり前のこととして育ちます。

「自分の子どもはどんな子に育つのだろう」と、我が子の成長に不安を抱えている人は多いかもしれませんが、「先祖を大切にする」ということを教えられて育った子は、よほどのことがない限り、家族や親族を大きく困らせるような子にはなりません。

神棚のある家庭で育った子は、神様や先祖に感謝し、何事にも感謝することを、幼いころから当然のこととして身につけます。そういう家庭に育った人は、成長の過程で道を踏み外すことが少なく、やがて多方面の分野で成功をおさめます。

そして、神事を大切にして成功してきた人が家庭を持ったとき、自分の家に神棚を置き、毎朝子どもに「神棚のお水を換えてきて」というのです。その繰り返しが、結果として「成功している人の多くが神事を大切にしている」ということにつながるのではないでしょうか。

成功している人ほど神事を大切にしている

私のところにいらっしゃるお客様には、企業経営者や著名なビジネスマンの方もいますが、多くの方が神事を大切にしています。これは、成功している方々に共通して見られる特徴だといっても過言ではありません。あまりにも当然なことなのであえて口にすることもなく、そのためよく知られていないだけなのです。

かつて、ある人気テレビ番組で、ビジネスで成功している全国の社長を訪れ、その生活ぶりや成功の秘訣などを紹介するコーナーがありました。私はその番組が好きでよく見ていたのですが、成功している方のオフィスや社長室には、ほぼ100パーセントといってよいほど、神棚や仏壇がありました。中には、庭先に小さな神社を作り、鳥居まで建てている人もいました。

神事を大切にする方の中に、「自分が必要なときにだけ神様を拝む方」はいません。節目を迎えるたびに神社を参拝しています。中には「月参り《つきまい》」[※1]といって、毎月熱心に神社にお参りしている方もたくさんいらっしゃいます。毎月一日は「朔日参《ついたちまい》り」といい、日本には古くからこの日に神社を参拝する風習があります。また、毎月一日、十五日は月次祭《つきなみさい》といい、全国の神社で祭典が執り行われています。

私が好きな神社の1つに、人を成功へと導いてくださる神様をおまつりしている、ビジネスマンの方にも大変人気がある神社があります。そこは決して大きい神社とはいえないのですが、毎月1日になると、黒塗りの高級車がズラリと並び、仕立ての良いスーツを着こなした方々が出入りしていることがあります。この方たちは、都心方面からわざわざ車を飛ばして参拝にいらした経営者の皆さんです。

経営者という立場上忙しい方が多いため、毎月の参拝が難しい方もいらっしゃい

※1 毎月神社に参拝することから、「月参り」という。

ます。その場合は、※2「正《しょう》五《ご》九《く》参《まい》り」といって、お正月と5月と9月の3回をお参りされている方もいらっしゃいます。

ご存じかもしれませんが、有名な日本のトップ企業ほど、神事を重視しています。私が知っているだけでも、神社を守護神として崇敬している企業は枚挙にいとまがありません。

例えば、世界的な自動車メーカーであるトヨタ自動車は、創業とともに豊興神社《ほうこう》（豊田市）を造営し、会社の守り神にしています。ここにまつられているのは、鉄の神様である「金山比売神《かなやまびめのかみ》」と「金山比古神《かなやまひこのかみ》」です。トヨタ自動車とその関連グループの経営陣は、年初にはこの神社に勢ぞろいして、会社の安全と繁栄を祈念しているそうです。

映画・小説『海賊とよばれた男』のモデルといわれる出光興産創業者の出光佐三《いでみつさぞう》は宗像大社《むなかたたいしゃ》（福岡県）を崇拝し、私財を投じて造営をしています。

また、三菱グループは、三菱発祥の地である大阪市西区の土佐稲荷神社を守護神

※2
1月（正月）は物事の始まり、5月は物事が最も盛んなとき、9月は物事が実を結ぶときとされており、それぞれ1年の区切りの月にお参りし、祈祷やおまつりを行う。

としており、三菱東京ＵＦＪ銀行大阪西支店の屋上にもその社殿を持っています。
さらに、三井グループは、三井家にゆかりのある三囲《みめぐり》神社（東京都）を守護神として、そのご神体を分祀《ぶんし》した神社を三越デパートの屋上に造営し、大切におまつりしています。

同じように、資生堂は成功稲荷神社を本社の屋上におまつりしていますし、日立製作所は熊野神社（茨城県）、東芝は出雲《いずも》大社（島根県）、キッコーマンは琴平《ことひら》神社（千葉県）を守護神として崇敬しています。

このように、**成功している企業と経営者にとって、神事を重んじることは当たり前のこととして根づいているのです。**

◉なぜ成功している経営者は神事を大切にするのか

では、成功している経営者はどうして神事を大切にするのでしょうか。これはあくまで私の考えですが、成功している経営者は、必ずといって良いほどピンチを経験されているからではないでしょうか。創業からなんの失敗もなく順調で、一度もピンチがないまま成功に至った企業などまずありません。成功するまでに、一度や二度は倒産寸前の危機に直面しているものです。

そんなとき、社長が社員に軽々しく「会社の資金繰りが厳しいんだけど、どうしたら良いかな?」と相談をしたり、「この会社、実は倒産しそうなんだ」などと弱音を吐いたりできるものでしょうか。深刻な状況であればこそ、社員はもちろん、家族にも、親しい友人にも相談できないものです。何かのはずみで、倒産のうわさが銀行や投資家の耳にでも入ってしまったら、さらに状況は悪化してしまいます。

経営者というのは孤独なものです。**誰にも相談できないとき、人はどのような行動を取るかというと、人以外の存在に頼りたくなるのです。**

やるべきことは全てやり、打てる手は全て打った。それでもまだ、会社は危機を逃れることができず、倒産寸前の状態にある。そんなとき、たった1人で神社へ行き、必死の思いで神様に手を合わせた経験のある経営者は少なくないでしょう。「神様、なんとかこの苦境を乗り越えさせてください！」「従業員を路頭に迷わすことは絶対にできません。神様どうかお願いします！」と、成功している経営者の方なら、このように必死に祈った経験が一度や二度はあるはずです。

このように祈ったことが幸いして危機を乗り越えることができたのか、本当のところは誰にもわかりません。とはいえ、会社がまだ存続していることは事実です。神様のおかげであると感謝して、次も頑張っていくという経験を繰り返すうちに、人は神事を重んじるようになるのだろうと私は思うのです。

こうして考えると、「何が何でも絶対に会社を潰さないぞ」という、**経営者の意志の強さの表れこそが、神事の本質ではないか、とも思えてきます。**やるべきことを全てやったうえで、神様に祈ってピンチを脱した経験のある人は、次の危機に直面しても「神様にお願いすれば、必ず乗り越えられる」と信じることができます。そして、実際にピンチを脱出するのです。

こうした経験を繰り返すことで、経営者は次第に「神様がいる限り、自分に乗り越えられない危機などない」と考えるようになり、強くなっていくのでしょう。そして、日頃から神社に参拝し、神様に仕事や会社の状況をご報告して、神様と自分だけの強固な関係性を築くようになります。

このように、**「自分は神様と意志が通じている」という思いを持つことは大きな力となります。**「私には神様という味方がいる」という気持ちは自信へとつながり、危機や困難に直面しても乗り越えられる気持ちの強さとなります。どんな困難にも平常心で臨むとき、人間の能力は最大限発揮されます。

私は、**経営者が神事を大切にする気持ちには、戦国武将が神事を重んじてきたことに通じるものがある**と思っています。戦国武将が部下の命を預かっていたように、現代の経営者は社員とその家族の生活を預かっています。

現代では命を懸けて戦うようなことはありませんが、たった1つのミスで会社が傾き、大勢の社員を路頭に迷わせてしまうリスクが存在します。その緊張感の中で、経営者が神事を大切にしたくなる気持ちは十分に理解できるのではないでしょうか。


社員の幸せを考えない経営者はいません。社員の幸せを考え、会社のことを考え、お客様のことを考え、その全てを大事にしています。不景気が長く続けば、ボーナスを下げなくてはいけないときもありますし、リストラしなければならないときもあるでしょう。こうした決断は、どんな経営者にとっても辛いことです。

しかし、会社全体を守るためには、どうしても何かを犠牲にしなければならない場面もあります。そうした苦渋の決断を迫られたとき、経営者は1人で神社に詣《もう》でるのではないでしょうか。

経営者の方のお話を聞いていると、何度となく葛藤を繰り返し、そのうえに神様と独自の関係を築いてきたことをうかがい知ることができます。

運を切り開くためには、なにも滝に打たれたり、炎の上を歩いたりするなど、特別なことをする必要はありません。朝起きたときに神棚に向かって柏手《かしわで》を打ち、「今日も一日、よろしくお願いします」とお願いし、会社から帰ってきたら「今日も一日、ありがとうございました」と感謝するだけで十分なのです。これは宗教といった大げさなものではなく、日本人が長く続けてきた、ごく当たり前の生活スタイルを継続しているだけです。

神事を大切にしている人は、人も物も大切にするので、仕事も人間関係もうまくいきやすいのです。そのような謙虚な姿勢が、結果として、「この人のためなら」と人が動いて、また物事がうまく運ぶということにつながります。

◉成功する人は素直な心を持っている

「成功している人」といわれて思い浮かぶのはどんな人でしょうか。スポーツ選手、経営者、芸能人など、職業問わずさまざまな人が思い浮かぶでしょう。

その成功している人の共通点として、**「子どものような素直な心を持っている」**ということが挙げられます。

なぜ成功している人に素直な人が多いのかというと、余計な考えに惑わされないからです。人から「才能がない」とか「無理だ」とかいわれても、気にせず自分の夢を追い続けることができ、「自分はできる」と素直に信じることができるのです。

昔は「子どもは座敷の花」とよくいわれました。大人しかいない座敷に子どもが1人いるだけで、パッと周囲が華やかになるという意味です。このような明るさを

「陽気」といいます。

人はこの世に生まれてきたときは「陽気」で満たされていますが、年を取るごとに世間を知って「陰の気」が増えていってしまうのです。

人生は「陽気」で始まり、次第に「陰の気」が増えていきます。そして、途中で「陽気」と「陰の気」の割合が逆転し、最後は枯れて「陰の気」ばかりとなり、寿命とともに終わるのです。

陰の気は幸運を遠ざけてしまいます。陽気を増やすための第一歩として、物事をシンプルに考えるクセをつけ、できるだけ前向きな人生を送ることを意識してみると、人生が好転するかもしれません。

神社編

②

神社について
くわしく知ろう

神社は難しく考えなくて良い

初詣、七五三、夏祭りなど、皆さんがこれまで経験してきた神社とのかかわり方に、難しいことは何もありません。神事は、日本人が長い歴史の中で当たり前に続けてきたことです。**「神事」と改まって言葉にすることで、なんとなく難しく考えてしまうだけです。**

古くから日本では、どの村にも必ず神社があり、田植えをしては神様にご報告し、収穫があれば神様に感謝してきました。災害の影響は、現在の私たちには想像できないくらい深刻なものでした。昔は、飢饉《ききん》や水害で稲を駄目にされてしまうと、来年の収穫時まで食べる物が何もなくなってしまっていたのです。だからこそ、神様にお祈りし、神社に参拝に行くことが重要とされていました。このようにして私たちは、何千年にもわたり神社と密接な関係を築いて生きてきたのです。

農民だけが神様を信仰していたわけではありません。武士は戦場に出発する前に必ず神社を参拝し、武運を祈ることを欠かしませんでした。かの上杉謙信が毘沙門《びしゃもん》天《てん》を信仰していたのは有名な話ではないでしょうか。毘沙門天は戦いの神様として有名ですが、謙信は自らを毘沙門天の化身だと信じていました。「自分には神様がついている」という信念がなければ、戦国時代を生き抜くことなどできなかったのでしょう。

現代を生きる私たちも全く同じです。**文明が発達し、生活が豊かになっても、人間の内面は変わりません。昔の人とは悩みの内容が変わっても、私たちは今の時代なりの悩みや恐れとともに生きています。**どんな時代でも、どんな場面でも、神様は苦しいときに支えになってくれるので、難しく考える必要はありません。

神社にはそれぞれ専門分野がある

日本の神様は、どの神様も全能的な力を持っているため、基本的にはどんなお願い事も聞いてくれます。

しかし、「学問の神様」や「縁結びの神様」という言葉があるように、特定の分野に強い専門性を持つとされる神様がいらっしゃいます。これはいったいどういう意味なのでしょうか。

医者を例に考えてみましょう。医者は医学を一通り勉強したうえで医師免許を取得するため、多くの診療科を担当することができます。しかし、医師免許を取得してからは内科や外科などに分かれて技術を磨き、専門性を高めていきます。

神様も医者の場合と似ています。基本的には全能的な力を持っているのですが、さらにそのうえに得意分野というものがあるのです。そのため、天下のために国家を守っている神様と、商売繁盛の神様とでは、お付き合いの仕方が大きく変わってきます。

例えば、伊勢神宮は国家安泰のために国全体を守っている神社です。**国家安泰を得意としている神社に行き商売繁盛のことを願うのは、正しい参拝ができているとはいえません。**伊勢神宮に参拝するときは感謝だけをして、個人的なお願い事はしないのが常識とされています。

例として、人間社会に置き換えて考えてみてください。
あなたが銀行でお金を借りたいと思ったときに、いきなり本店の頭取に連絡しようと思うでしょうか。恐らく電話番号すらわからないはずです。その前にまずは、近所の支店にいる営業担当者に相談することでしょう。

神社の場合も同じように、**参拝するときは近所にある「自分と波長が合う神社」にお願いするほうが早くて確実です。**

合格祈願であれば学問の神様がいる神社へ行き、結婚や恋愛成就の場合は全国にある縁結びの神様にお願いするのが一番です。ビジネスを成長させたいのであれば、商売繁盛を得意とする神社が良いでしょう。資金繰りを得意としている神社などもあるため、調べて足を運んでみてはいかがでしょうか。

自分と相性の良い神社の探し方

あなたとの相性が良い神社に参拝することが、開運への近道です。まずは人と神社との相性とはどのようなものか確認していきましょう。

相性と表現すると神様に失礼かもしれませんが、**自分と波長の合う神社と合わない神社は確かにあります**。人間社会のお付き合いと同じことです。なんとなく話しやすくてつい甘えて相談したくなる人と、全く話をする気になれない人がいるように、人と神様の間にも、それに似た関係性があるのです。

メディアに取り上げられることの多い有名な神社であれば、誰にでもご利益が得

やすいのではないかと思うかもしれませんが、残念ながらそういうわけではありません。あまり知られていない神社であっても、あなたと波長が合う、相性の良い神社にお願いすることによって早く効果が出てご利益を得られる場合が多いです。そのため、有名な神社を転々と参拝して回るより、**相性の良い神社を見つけ、その神様と長い間じっくりと親しくお付き合いさせていただくほうが、運気は大きく開けていきます。**

では、相性の良い神社を一体どのように探せば良いのでしょうか。その答えは簡単です。

自分で何度か参拝してみて、なんとなく「ここは好きだな」とか「また来たいな」と思えたのであれば、その神社はあなたと波長が合っています。このときに大切なことは、頭や理屈で考えようとせず、自分の直感を頼りにすることです。

最初は選り好みせずに、大小さまざまな神社に行ってみると良いでしょう。多くの神社を参拝するうちに、自分がどのような神社と相性が良いのかがわかってきます。

例えば、美しい森や林があって、ほかの神社とは空気が違うと感じるような神社もある一方で、常に大勢の参拝客でごった返し、観光地と化している神社もあります。人が多い神社を騒がしくて落ち着かないと感じるか、にぎやかで楽しいと感じるかは人それぞれですので、実際に参拝して確かめてみると良いでしょう。

昔は神社との相性などを考える人はおらず、家の近くにある氏神様《うじがみ》※1をお参りすることが常識とされていました。先祖代々同じ土地に住み続ける人が多かったので、氏神様はご先祖様がお参りしてきた神社であり、その土地の人と非常に相性の良い神社なのです。

その一方で、昔は現在のように交通機関が発達していなかったため、基本的な移

※1 自分の住む土地を守ってくれる神様。その土地で生活や仕事をする人たちを氏子（うじこ）という。

動手段は徒歩でした。そのため、気軽にお参りできるのは、近隣の氏神様しかなかったという事情もあります。

現代では交通機関の発達により、遠方の神社にも自由に行けるようになりました。また、核家族化が進み、学校や仕事の都合で住む場所を変えるようになりました。そのため、必ずしも近隣の氏神様になじみがあるとは限らなくなっています。これらの理由から、現在はどちらかというと、氏神様をお参りするというより、好きな神社にお参りするほうが主流になっているというわけです。

神社編

③

神社での正しい
お参りの仕方

実は2種類あるお参りの方法

皆さんは、普段どのように神社でお参りをしていますか？　実は、**神社の参拝方法には2種類あり、それぞれ「社頭参拝《しゃとうさんぱい》」と「昇殿参拝《しょうでんさんぱい》」といいます。**

社頭参拝とは、拝殿※1の前で賽銭箱にお賽銭を入れ、柏手を打って拝礼する一般的な参拝方法です。多くの方は、こちらの社頭参拝でお参りをしていますが、実はもう一方の**「昇殿参拝」こそが、神社の正式な参拝方法**となります。拝殿に上がることを「昇殿」といい、※2初穂料《はつほりょう》を納めて拝殿に上がり、ご祈祷をする参拝方法です。厄払いをはじめ、初宮参りや七五三のときなどに経験された方もいらっしゃるのではないでしょうか。

※1 祭祀や拝礼を行うための社殿。祭祀のときに神職などが着座するところでもある。

※2 初穂とは、その年に初めて収穫されたお米のことをいう（詳細は66ページを参照）。

普段の参拝は社頭参拝でも十分ですが、これはいわば、「ご挨拶は玄関先で失礼します」という簡単な挨拶です。私がアドバイスをするときは、少なくとも年に一度は昇殿参拝をなさるようにお伝えしています。

特に、**どうしても叶えたいお願いがあるときは、昇殿してご祈祷をするのが一番丁寧です**。丁寧に参拝をすることで、神様にお願いが伝わりやすくなります。

実は、私たちが神様に直接願い事をいうのは恐れ多いことであるため、宮司や神主は、私たちと神様の間を取り持ってくださる仲介役として存在します。昇殿参拝では、正式な礼節に則って、私たちの代わりに神様に願い事を伝えてくださるのです。

神様にとっては、神主を通したほうがお願いを聞き取りやすいですし、私たちの願い事についての真剣さが伝わります。

私のところへ相談にいらっしゃる方の中には、今まで昇殿参拝をしたことがないという方もいらっしゃいます。理由を尋ねてみると、「昇殿するのが恐れ多い」とか「私のような者が拝殿に上がり込むのは失礼だと思っていた」と返ってくることがあります。

これは全くの誤解です。神様からすれば、昇殿して正式に参拝するほうが、社頭参拝よりずっと丁寧で礼を尽くしたお参り方法です。**「昇殿するのが恐れ多い」ということはなく、むしろ社頭参拝で簡単に済ませてしまうことのほうが恐れ多いのです。**

決して社頭参拝が悪いということはありませんが、社頭参拝は前述の通り、玄関先で軽く挨拶をしただけで帰ってしまうことと同じため、昇殿参拝より安易な参拝方法だということは覚えておきましょう。

知っておきたいお参りの作法

いつの頃からか、「神社ブーム」ともいえるような現象が起きており、遊び感覚でパワースポット巡りとして神社に行く方も増えています。中には、拝みもせずに御朱印だけもらう方なども増えているようです。このようなお参りの仕方では、神様から力を貸していただくのは難しいといわざるを得ません。

手当たり次第にあちこちの神社に足を運び、お賽銭をチャリーンと投げてお祈りだけで願い事を聞いてくれる神様がいるでしょうか。

「願いを叶えてくれるなら、こちらも真剣に拝みます」という考え方では、神様と向き合っているとはいえません。神社にお参りをする際は、礼節を重んじる必要があるのです。

◉お札やお守りなどの取り扱いについて

私のところに相談にいらっしゃる方から、「いろいろな神社でもらったお札を神棚に置いていますが、神様同士が喧嘩することはありませんか？」という質問をお受けすることがあります。日本の神様は、天照大神《あまてらすおおみかみ》様を頂点として全てつながっているため、いろいろな神様のお札が混在していても喧嘩などはしません。

また、神様はあなたがよその神社で何をしてきたかなどは全て把握なさっていますので、どこの神社にお参りをしても、嫉妬したり喧嘩したりすることはありません。

問題なのは、神社からのお札を受けっ放しで溜め込んでいることです。頂いたまま放置してどこかになくしてしまった、なんていうのは言語道断です。

どのように扱えばいいのかというと、**お札はご自宅や会社の神棚におまつりするのが一番です。**神棚がない場合は、お札のままおまつりしても差し支えありません。

お札は必ず目線より上の位置に置きましょう。できれば南向き、または東南向きや東向きに置くのが好ましいです。タンスやキャビネットの上に立てて置く方が多いですが、大きな柱や壁に掛けたり貼ったりする方もいらっしゃいます。

神社で頂いたお札やお守りは、本来であれば、1年以上経ったら頂いた神社にお返しするのが基本的な決まり事です。しかし、お札をお受けした神社が遠くて返しに行けない場合は、近隣の神社に納めても問題ありません。

お札やお守りをお返ししたときは、あなたのお気持ちで良いので、百円でも千円でもお賽銭箱に入れ、1年間守っていただいたお礼をしましょう。

また、昇殿参拝をしたとき、お札を頂いても自宅におまつりする場所がなくて困ってしまうことがあると思います。そんなときは、あらかじめ神社に「お札は結構です」と伝えておくと良いでしょう。その場合は、代わりにお守りなどを用意してくれます。

昇殿参拝をすると、お札やお守りのほかに、物を頂くこともあります。鰹節や昆布、塩、砂糖やお菓子、お米やお酒などの飲食物が多いと思います。これは、神様にお供えしたものを分けてくださっているということです。

神社で頂くものには良い「気」が込められていますので、それを食べることでその「気」を体内に取り込むことができます。そのため、食べ物を頂いた場合は、家に持ち帰って食べてください。お米なら、ほかのお米に混ぜて炊けば良いですし、お酒が飲めない方が日本酒を頂いた場合は、料理に使うのも良いでしょう。

自宅の神棚にお供えした塩やお米なども同様です。ただし、玄関に置いた盛り塩は悪い気を吸っていますので、食べずに捨てましょう。

基本は二礼二拍手一礼

神社参拝の基本的なお作法が、「二礼二拍手一礼」であることをご存じの方は多いかもしれません。まず、社頭参拝の手順を以下に説明します（62ページに図解あり）。

◉社頭参拝のお作法

①まず軽く一礼してから、鳥居をくぐります。鳥居の真ん中は神様の通り道ですので、右か左のどちらかに寄って端を歩きましょう。

②手水舎[※1]に着いたら手を清めます。手順は以下の通りです。

※1 手水舎にはさまざまな読み方があり、「ちょうずや」「ちょうずしゃ」「てみずや」などとよばれるが、現代では「てみずしゃ」とよばれることが多い。

●ひしゃくを右手で持って水をすくい、左手に少しかけて清めます。
●ひしゃくを左手に持ち替え、右手に少しかけて清めます。
●ひしゃくを右手に持ち替え、左手で水を受けて口をすすぎます。
●もう一度、左手に水をかけて清めます。
●ひしゃくを両手で起こして柄の部分に水を伝わらせて柄を清めます。
●ひしゃくを元の場所に戻します。

③参道を通り、本殿の前へ進みます。
④賽銭箱の前に立ったら会釈をして、賽銭箱にお賽銭を入れます。
⑤まず2回お辞儀をしてから、柏手を2回打ちます。柏手を打つときは、手を胸の高さに上げ、右手をやや下にずらした状態で打ちます。そして、最後に一礼します。

これが「二礼二拍手一礼」の作法です。

「二礼二拍手一礼」は、神様に対する礼儀を端的に表すことができる作法です。丁寧に気持ちを込めて行いましょう。

●昇殿参拝のお作法

ここで一度、昇殿参拝のお作法について学んでおきましょう。昇殿参拝の場合は、手水舎で手を清めてから社務所に行き、参拝を申し込んで玉串料《たまぐし》をお渡しします。**玉串料とは、神様へのお供え物である玉串を用意するのにかかった経費や手間、謝礼の気持ちをお金で表したものです。**玉串というのは、もともとは祈祷をする際に、参拝者が用意するとされていたもので、榊《さかき》の枝に飾りを付けたものです。しかし、時代が進むにつれ、神社側が、あらかじめ玉串を用意しておくようになり、依頼主はその代わりにお金を払うようになりました。

赤いのし袋の表に「奉納」「玉串料」「初穂料」などと書き、自分の住所と氏名を書いて玉串料を入れて渡しましょう。あなたの名前と住所が神社の名簿に書き加えられることで、神様にあなたの名前と住所を覚えていただくことができます。誰のどういうお願いなのかを神様に間違いなく知っていただくためにも、必ず住所は記載しましょう。

そして、参拝者は本殿に通されます。神主により祝詞《のりと》が奏上され、お祓《はら》いやお神楽の奏上などが執り行われます。その後、神主や巫女からお玉串を受け取ります。お玉串を受け取ってからの作法は、以下の通りです（64ページに図解あり）。

お玉串を受け取ってからの昇殿参拝のお作法

① お玉串は榊の根本を右手で持ち、葉先の下を左手で支えます。
② 左手の方が少し高くなるようにお玉串を胸の高さに掲げ、神前に進んで一礼します。
③ お玉串を時計回りに九十度回し、根本を自分のほうに向けます。

④ 葉先を支えていた左手を根本までずらし、右手に重ねて祈念します。
⑤ 右手で葉先を持ち、そのまま百八十度回して根本を神前に向けます。
⑥ 右手に左手を添え、案（机）の上にお玉串をお供えします。
⑦ 一歩下がって「二礼二拍手一礼」を行い、元の席に戻ります。

昇殿参拝が終わると、神社からお札が手渡されます。自宅に持ち帰って神棚などにおまつりしましょう。

社頭参拝の作法

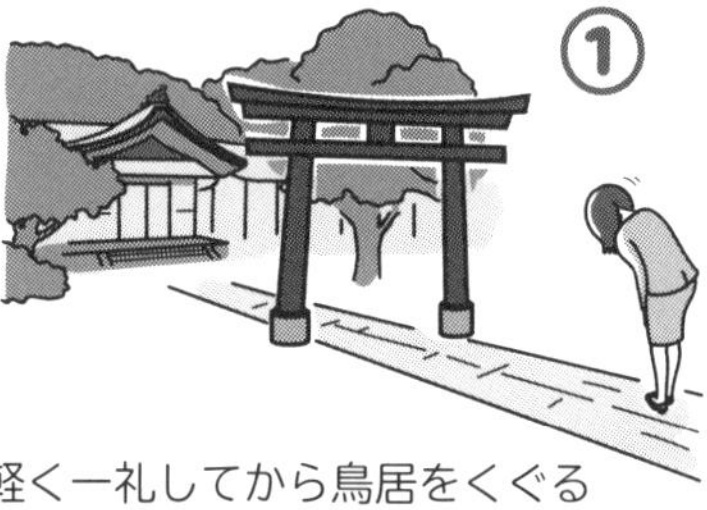

軽く一礼してから鳥居をくぐる
鳥居の真ん中は神様の通り道のため、
右か左に寄って歩く

手水舎に着いたら手を清める
ひしゃくを右手で持ち水をすくい、
左手に少しかけて清める

ひしゃくを左手に持ち替え、
右手に少しかけて清める

ひしゃくを右手に持ち替え、
左手で水を受けて口をすすぐ

もう一度、左手に
水をかけて清める

⑥

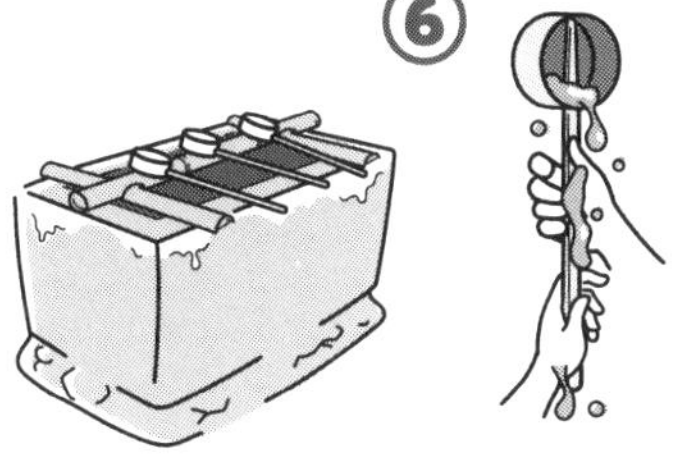

ひしゃくを両手で起こして、
柄の部分に水を伝わらせて
柄を清める

⑦

参道を通り、本殿の前へ
進み2回お辞儀をする

⑧

柏手を2回打ち、祈念する

⑨

最後に一礼する

お玉串の作法

神職からお玉串を渡される
榊の根本を右手で持ち、
葉先の下を左手で支える

左手の方が少し高くなるように
お玉串を胸の高さに掲げ、
神前に進んで一礼

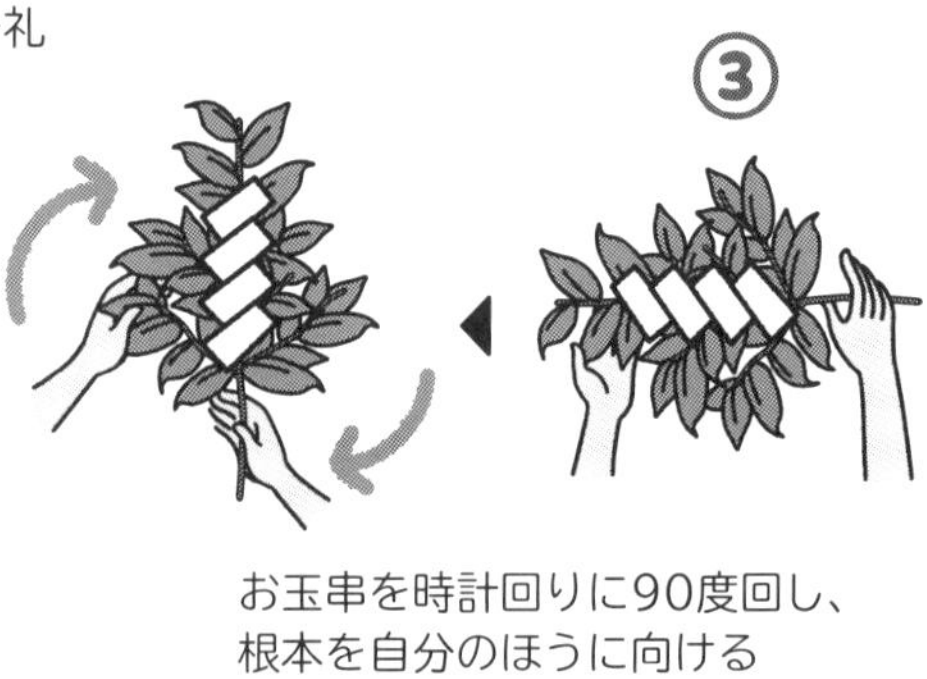

お玉串を時計回りに90度回し、
根本を自分のほうに向ける

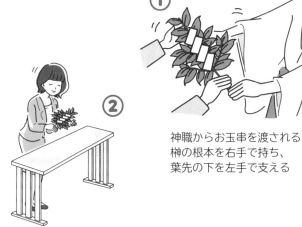

④

左手を根本までずらし、
右手に重ねて祈念する

⑤

右手で葉先を持ち、
そのまま180度回して
根本を神前に向ける

⑥

右手に左手を添え、
案（机）の上に
お玉串をお供えする

⑦

一歩下がって
「二礼二拍手一礼」を行い、
元の席に戻る

玉串料、初穂料、お賽銭はいくらが良い？

玉串料については前項にてご説明いたしました。ここでは初穂料について解説していきます。

初穂料は玉串料と同じように、お宮参りや七五三、地鎮祭や法事の場面などで使われるものです。また、お札やお守りを購入するときにも使うことができます。

玉串料がご祈祷に紐付いているものであるのに対し、**初穂料は感謝の気持ちを表したもの**ですので、使える場面がより多いのです。

初穂とは、その年の最初に収穫されたお米のことを表します。かつて、毎年収穫の時期になると初穂を神前にお供えし、恵みへの感謝と、その後の豊作を神様に祈願する風習がありました。時代が進むにつれ、初穂の対象はお米以外の農作物や魚などに広がり、「初物」としてお供えされるようになりました。

しかし収穫の時期以外の季節や、農家や漁師をしていない人の場合は、初穂や初物を用意することができません。そこでそれらの代わりになるものとして、お金がお供えされるようになったのです。このお金のことを「初穂料」と呼ぶようになりました。

お賽銭も、もともと、神前に供えられていた海や山の幸が貨幣の普及とともに金銭に形を変えたものです。皆さんもご存じの通り、本殿前、拝殿前などの参拝者が祈るところに賽銭箱が置かれています。

お賽銭はいくらにすればいいのかと悩む方もいらっしゃるかもしれませんが、**お賽銭は参拝の気持ちの表れの1つですので、金額に相場はありません。**

では、玉串料、初穂料の金額はいくらにすれば良いのでしょうか。初穂料についてはお守りなどの決められた金額をお納めすれば良いのですが、悩んでしまうのは、金額が決められていない場合です。

願い事の重要性や状況の深刻度は、人によって異なります。そのため、**私がアドバイスできることとすれば、今自分の置かれている状況を総合的に判断して、「少し痛いなあ」と思う金額を納めるということです。**

例えば、玉串料として一万円を奉納することは、高いでしょうか、安いでしょうか。あくまで1つの考え方ですが、一万円を三六五日で割ってみると、1日あたり30円以下ということになります。1年間神様に守っていただけるのであれば、安いものだと判断することもできるのではないでしょうか。

実際に神様に助けていただく経験を重ねていくことで、次第にどのくらいの金額が適切なのかわかるようになります。最初は玉串料の価値がわからなくても、心配する必要はありません。

服装の決まりはある？

神社にお参りする際には、服装にも気を配る必要があります。ここでも人間の社会に置き換えてみるとわかりやすいかと思います。例えば、あなたがどうしても入りたい会社の就職面接に行くときに、ボロボロのTシャツにダボダボのジーンズ、ヨレヨレのスニーカーで面接に行くでしょうか。

自分の人生を左右する大事な場面のため、身なりをきちんと整えて、自分の持っているスーツの中でも一番良いものを着るはずです。

このように考えると、神様にお願いを聞き届けていただきたいと思うのなら、神社に参拝するときも、**真剣さが伝わるような服装で参拝するべきです。**できれば男性はスーツにネクタイ、女性もそれに準じた礼節ある服装が良いでしょう。もちろん、和服でも結構です。

ちなみに、伊勢神宮の内宮《ないぐう》・外宮《げぐう》の「御垣内《みかきうち》」は、スーツにネクタイなど、正装でなければ入ることができません。私も以前、子どもを連れて行ったとき、子どもが履いていたブーツが良くなかったようで、中に入れてもらえなかったことがあります。その他にも、革のジャンパーやジャケットなどの皮製品、毛皮などの服装でも入ることはできません。神社の最高峰ともなると、服装にはとても厳しいのです。

伊勢神宮の基準で考える必要はありませんが、スーツが難しければせめてジャケットを羽織るなどして、身だしなみに気をつけ、礼節をわきまえた服装で参拝することを心がけましょう。

余談ですが、**服装はその人の運気にも影響する**ことをご存じでしょうか。例えば、穴の開いた服やボロボロに履きつぶれた靴は運気を下げます。また、古くてボロボロになった定期入れやお財布なども、運気が良くありません。

安いもので構いませんので、常にきれいなものを身につけているほうが、運気は良くなるということを覚えておいてください。

お願いが叶ったら必ずお礼参りをする

神様へお願いしたことが叶ったら、すぐに神社に行って「お礼参り」をすることが鉄則です。

このお礼参りのタイミングは早ければ早いほど良いとされています。なぜなら、**お礼参りをすることで、またすぐ次のお願いが叶いやすくなる**からです。不思議なことに、神社というところは、願いが叶えば叶うほど、もっと叶いやすくなるという性質があります。

神社編①の章にて、「月参り」という毎月お参りをしている人のお話をしました。この月参りに象徴されるように、**願いを叶えることが上手な人は、まめに神社に足**

を運んでいるのです。

お礼参りをすると、どうして願い事が叶いやすくなるのでしょうか。

例えば、あなたが友人から「仕事を紹介してください」と頼まれたとします。そして、あなたが知り合いを紹介したところ、友人はその知り合いから新しい仕事をもらいました。

その後すぐに友人が訪ねてきて、「おかげで仕事がもらえました。ありがとうございます」と丁寧にお礼をしてくれたらどう思いますか。きっと、次もまた手伝ってあげようと思うはずです。もしくは、「その件なら、もう1人知っている人がいるから、紹介しようか」などと、さらに世話を焼いてあげたくなるのではないでしょうか。

神様も同じです。すぐにお礼に行けば、神様は「手を貸して良かった」と思い、次のお願いも聞いてあげようとしてくれます。しかし、願い事が叶ったことのお礼をしなければ、それっきりとなってしまいます。

これを聞いて、身に覚えがあって、耳が痛いと思う方もいるのではないでしょうか。受験や就職のときに神頼みをしたのに、その後はお礼参りをしていない方は多いと思います。それは神様に大変失礼なことですし、非常にもったいないことです。**願いが叶ったときは、神様との関係をつくるチャンスですので、すぐにお礼参りに行くべきです。**

実は、**神様と付き合うのが上手な人は、願いが叶わなかったときもお礼参りをしている**ものです。どういうことなのかといいますと、「願いは叶いませんでしたが、それは私の実力不足です。お力を貸していただき、ありがとうございました」とお伝えすることで、神様との関係性を良好に保つのです。

先ほどの例でいえば、あなたは友人に知り合いを紹介しましたが、結果としてはうまくいきませんでした。それでも友人は、「うまくいかなかったけど、知り合いを紹介してくれてありがとう」といって、あなたにお礼をしてくれるのと同じことです。

読者の皆さんの中に、「あの学校に合格させてください」とか「あの人と結婚させてください」とお願いをしたのに、願いが叶った途端に神様のことなどすっかり忘れてお礼参りもしていない方はいませんか。

日本の神様は、そんなあなたに天罰を与えたりはしませんが、今からでも遅くはありませんので、ぜひお礼参りをしてきてください。神様は、必ず喜んでくださいます。

願いが叶わないお願いの仕方

これまでの私の経験から考えると、こちらが真剣にお願いをすれば、神様は必ず何らかの手助けをしてくださいます。

しかし、「何度も神社に参拝したけれど、願いが叶ったことなど一度もない」とおっしゃる方がいます。それはどうしてなのでしょうか。

その原因は多くの場合、お願いの仕方にあります。**「願いが叶わない」という人は、叶わないようなお願いの仕方をしている**ということです。

では、「願いが叶わないお願いの仕方」というのはどのようなものなのでしょうか。例えば、神様に手を合わせたとき、一瞬でも、「お願いしても、どうせ無理」

とか、「神様なんてどうせ迷信だ」と思ってしまうと、願いは叶いません。

では、どのようにお願いすれば良いのかといいますと、神様にお願いするときの考え方は、人にお願いするときと全く同じであると考えてください。**神様のお気持ちを、人間の気持ちに置き換えて考えてみるのです。**

もし、あなたが頼み事をされたとき、相手が「一応頼んでみるけど、どうせ聞いてくれるつもりなんてないんでしょ」という態度だったら、どう思うでしょうか。

例えば、知人から「誰かいい人紹介してくれない？」と頼まれたとします。このとき知人が、「あんまり期待してないけど、一応お願いしてみる」という態度で頼んできたら、あなたはこの人のために「なんとかしてあげよう」とは思わないでしょう。

しかし、「今真剣に恋人を探しているから、なんとかお願い！」と頭を下げられたら、「私がなんとかしてあげなきゃ」と思うはずです。

同じように、神様を信用しない態度でお願いしても、積極的に協力してくれるわけがありません。その願い事は結局叶わないので、あなたはますます神様を信用しなくなるでしょう。「神様に頼んでも仕方がない」といっている人は、その悪循環の中にいるケースがとても多いのです。

もう1つ、神様に願いを叶えていただきやすくするための極意があります。それは、**一度神様にお願いしたら、そのお願いに対する執着心を捨てることです。**

神様にお願いした後、「この前の願い事、まだ叶わないな。いつ叶うんだろう」とか「あんなにお願いしたのに、何も変わらないな」と考えてしまうことはありませんか。

このように、神様に対して「私の願いを叶える気があるのか」と疑念を抱く人がいますが、これは良くありません。あなたが人に頼み事をされたとき、何度も催促の連絡が来たらどのように感じるでしょうか。

ご神徳《しんとく》が現れるまでには、それなりに時間がかかります。神様は今着手してくださっているところかもしれないのに、「叶える気はあるんですか」という態度では本来叶うはずの願い事も叶いません。

一度神様にお願いをしたら、後は全てをお任せして待ちましょう。神様が動いてくださっている間に、自分ができることに集中すれば良いのです。

◉小さな幸運でも素直に喜ぶと開運できる

私のところに相談にいらっしゃる方々を見ていますと、開運できる人とできない人には、それぞれ共通点があることがわかってきました。

私は、2回目の相談にいらした方に対して、必ず前回のアドバイスの結果を教えてもらうことにしています。たとえば、吉方位に旅行や引っ越しをしたり、神社にお参りに行った結果どのような変化があったのか、もしくは何もなかったのか、確認をするのです。

あるとき、金運を上げたいと相談に来られた方に、「その後、何か変化はありましたか？」と聞くと、その方は首を横に振って、「何もありませんでした」と答えました。

しかし、細かく話を聞き出していくと、加入したことすら忘れていた保険が満期になり、思わぬお金が入ってきたというのです。これは金運が良くなった効果の1つです。

そのことを申し上げると、その方は「いいえ、この保険は私が自分のために掛けていたものですから、もともと入ってくるべきお金です。金運とは関係ありません」とおっしゃるのです。

実は、この態度こそ、なかなか開運できない人に共通して見られる典型例です。

小さな幸運を素直に喜ぶ心がなければ、その先の大きな開運にたどり着くことはできません。

神社にお願いをした後、些細なことでも良い変化があったときに、素直に感謝の気持ちを持てるかどうかは、神様への感謝の気持ちにもつながります。そうした感謝の気持ちの先には、人として成功できるかどうかという大きな問題にも直結します。小さな幸運に気づけない人は、大きな幸運の種が現れても、気づかずにやり過ごしてしまうからです。

どんなに小さな変化でも大きく喜ぶ方の中には、

「引き出しに仕舞い込んでいた一万円札が出てきました」
「知人に貸して、返ってこないだろうと諦めていたお金が返ってきました」
「宝くじで三千円当たりました」

と、わざわざ電話で報告してくださる方もいます。

私がアドバイスをした結果、すぐに大きな幸運をつかむ人もいますが、ほとんどの方は、ごく小さな幸運が最初に現れます。小さな幸運でも素直に喜べる人だけが、徐々に大きな幸運をつかめるようになっていくものだということを覚えておきましょう。

◉すぐに感謝することで神様の協力を得やすくなる

願い事が叶いやすく、神様の協力を得やすい人というのは、そもそもの姿勢が違います。願い事に対して「神様に願いを聞いてもらおう」という姿勢ではなく、「私ができることは全部やりましたので、どうか神様、力を貸してください」と、願い事を自分事として捉えているのです。

そのため、自らの力でできることに関しては、自分から積極的にどんどん動き、人の力が及ばない部分に関しては、難しく考えず神様に委ねます。

そういう人は、神様が力を貸してくれなかったとしても、良い結果が出たら「全て神様のおかげです」とすぐ神社にお礼参りに行き、感謝することを忘れません。一見、単なる思い込みの激しい人にも見えますが、**思い込みというのはすごいパワーを生むもので、どんどん運気が開けていきます。**

このことも、人に置き換えて考えることができます。もし、あなたが知人にほんの少し手を貸しただけなのに、すぐにその知人がお礼にやって来て、「あのときはありがとうございました」と感謝をされたらどう感じるでしょうか。「そんなに感謝してくれるなら、次はもっと手を貸してあげよう」と思うでしょう。

また、あなたはお願いに対して何もしなかったにもかかわらず、相手があなたのおかげだと思い込み、「ありがとうございました。おかげで助かりました」と感謝してきたらどうでしょうか。

この人のお願いを無視してしまった自分を、少々後ろめたく感じますよね。そして、「次は少し協力してあげよう」と思うはずです。

実際、神様に願い事をして、結果が出たらすぐにお礼参りをすると、次の願い事は前より叶いやすくなります。神様へのお願いというものは、叶えば叶うほど、結果が出る性質があるのです。

願い事は1つにする

これまで見てきたように、お願いを少しでも届けやすくするためには、注意すべき点がいくつかあります。

第一に大切なことは、**願い事がたくさんあったとしても、神様にお願いするのは一番叶えたい願いに絞る**ということです。会社の業績が上がり、良い家を建てて、健康で長生きして、などとあれもこれもお願いするのではなく、「これだ」と思う願い事だけに絞りましょう。

そして、その**願い事を具体的に神様にご説明する**のがコツです。合格祈願をしたいのであれば、「○○県にある○○大学○○学部に○年に入学させてください」と、どこにある学校にいつ入りたいのか、具体的にお願いしましょう。

会社に関するお願いの場合は、今の業績を上げたいのか、資金繰りを改善したいのか、新製品をヒットさせたいのか、望んでいることを明確に、具体的にお願いします。

そして、最後のポイントは「**迷わず、一心にお願いすること**」です。

例えば、皆さんが訪問販売の営業職だとしましょう。ピンポーンと呼び鈴を押して営業をするときに、「この商品が売れなかったらどうしよう」と迷いながら営業をする場合と、堂々と自信満々に売る場合では、どちらのほうが売れやすいと思いますか。当然、迷いのない言葉を聞いたほうがお客様にとっても説得力がありますので、結果は良くなるはずです。

同じように、「本当に神社ってご利益があるの?」という半信半疑な態度でお願いするのではなく、「叶えてくださると信じています」と、迷わず一心にお願いしてください。

もう1つ、お願いする時期に関して、読者の皆さんにお伝えしておきたいことがあります。それは、「**手遅れになる前に神社に行きましょう**」ということです。

状況が悪化している中、なんとか自力で解決しようと散々もがいた末、最悪の状態になってから、慌てて「神頼み」に来る人が多く見られます。

これは、風邪を引いても病院に行かず、こじらせて肺炎になってから、ようやく病院に駆け込むのと同じです。

神社によっては、また願い事によっては、**ご神徳が現れるまでに、早くても半年、通常は1年ほど時間がかかります**。その間、持ちこたえられず、会社が倒産してしまっては何の意味もありません。

手遅れになる前に、日頃から神様に手を合わせておきましょう。特に氏神様や産《うぶ》土《すな》神様の場合、早ければその日のうちか、遅くとも三カ月以内にはご神徳が現れることもあります。日頃からあなたのことをよくご存じなので、神様はすぐに手を打てるということです。

ちなみに産土神様とは、あなたが生まれた土地の氏神様のことです。日頃のお参りは氏神様や産土神様でなくても構いませんので、あなたが頼りにできる神社を見つけておきましょう。そして、日頃から参拝を欠かさないようにしておくと、いざというときに願い事が叶いやすくなります。

複数の神社に同じお願いをするのはNG

自分の願いを叶えたいという気持ちが先走るあまり、同時にたくさんの神社で願い事をする人がいます。同じように、「早く結婚したい」と思うあまり、縁結びにご利益のある神社に片っ端から出掛けていってお願いをしている人もいるかもしれませんが、これは得策ではありません。

複数の神様にお願いするということは、同じ相談を同時に複数の人にしていることと同じです。それがいけないというわけではありませんが、人を選ばずに手当たり次第相談していると、お願いされた人の中には「この人、相談相手は誰でも良いんだな」と思う人もいるかもしれません。

また、「たくさんの人に相談しているのだから、私が聞いてあげなくても大丈夫だよね」と考え、あなたの話を聞かなくなってしまいます。

神様の事情も全く同じで、**たくさんの神社へ同時にお願いすると、かえって願いが叶いにくくなってしまう**ことがあるのです。

願いが叶ったときには、必ずお礼参りをしなければなりません。たくさん神社を回ってお願いしていると、どこにお願いしたのか、誰が叶えてくれたのかわからなくなり、事後の報告とお礼という大切なことが曖昧になってしまいます。

神様は「来る者は拒まず、去る者は追わず」が基本姿勢のため、きちんとお礼参りができなくても、あなたが罰せられるようなことはまずありません。しかし、神様の関心を失うことにはなるでしょう。

こういった理由から、いろいろな神社へ同時に同じお願いをするのは、あまりおすすめ致しません。

特にこのような事態に陥りやすいのは、旅行に出掛けたときではないでしょうか。結婚願望の強い人が「縁結びに強い神様がいらっしゃる」と旅行で訪問した先々で聞くと、お参りに行ってお願いしたくなる気持ちは私にもよくわかります。

しかし、**遠方からの訪問で、その後の報告やお礼参りができないことがあらかじめわかっている場合には、その神社に願い事をするのは遠慮しておくべきです。**

参拝したら、ご挨拶と感謝の気持ちだけをお伝えして、個人的なお願いは遠慮しておきましょう。ただ、遠方に住むあなたが足を運べば、神様は必ず喜んでくださいます。

旅先で参拝に行ってはいけないというわけではなく、気になった神社には積極的にご挨拶をしておくことで、いざというときに力を貸してくれます。

身内に不幸があった場合

いくら神社には積極的に参拝すべきだといっても、**身内に不幸があった場合は、しばらくは神社参拝を控えたほうが良いでしょう。**

どうしてなのかといいますと、昔はよく、身内が亡くなると「気が枯れる」という言い方をしました。つまり、気持ちが落ち込んでしまうのです。

どれくらいの期間をあければ良いかとよく聞かれますが、特に決まったルールはありません。

私がアドバイスさせていただく場合は、ご両親やご兄弟など、**近い間柄の人に不幸があった場合には、四十九日間は参拝を控えましょう**とお話ししています。仏教では、人は亡くなってから四十九日目にあの世へ旅立つといわれています。それにならって四十九日を1つの目安とする考え方です。

神棚がある家では、喪に服している期間、神棚の正面に半紙を貼り、神様が穢《けが》れを受けないように守ります。この半紙は、四十九日を過ぎたら外して結構です。事情があって、もっと早く神社に詣でなければならない場合には、二十日もしくは二十一日ほど過ぎた時点で、鳥居のところで神主にお祓いをしてもらってから神社の中に入ることもできます。

方位学 編

1

方位学って なに？

方位学は古代中国を源流に持つ学問

聞きなれない言葉かもしれませんが、**方位学とは、一般にいわれる「気学」「家相学」を含め、これらに共通する「方位」を広い視点や大きな観点から研究し活用する学問のことを指します。**多くは、「気学」と共通の意味と考えていただいて差し支えありません。

方位学の思想は、中国に古くから伝わる「陰陽《いんよう》五《ご》行《ぎょう》説《せつ》」の思想に基づいています。陰陽五行説は、もともと「陰陽説」と「五行説」という別々のものでした。

◉陰陽説とは

「陰陽説」は中国最古の王とされる伏義《ふくぎ》によって唱えられたものとされています。

「陰陽説」の根本思想は、存在するあらゆる物事や現象は、「裏と表」「マイナスとプラス」「静と動」「柔と剛」というように、全て「陰」と「陽」の相反する性質を持ち、そのバランスで成り立っているという考え方です。

逆にいえば、陰と陽は単一では存在することはできず、お互いがあってこそ成り立つということです。「表裏一体」という言葉は、この考え方を的確に表したものといえるでしょう。

「陰」には、暗い、不明瞭、受動的、実質的、衰退的、抑制的、静止的、下降的、内在的、寒冷的といった性質があります。

一方、「陽」には、明るい、能動的、攻撃的、機能的、亢進的、興奮的、活動的、上昇的、外在的、温熱的といった性質があります。

宇宙は「天と地」に分かれ、太陽と月も、太陽が陽で月が陰となります。気候には「暖と寒」、温度には「熱と冷」、1日には「昼と夜」があり、空間には「明と暗」があり、空気には「乾と湿」があります。動物には雄と雌がいますが、雄は陽、雌は陰です。

これらの事象は、いずれもどちらか片方では成り立ちません。**「お互いがあってこそ1つ」という陰陽のバランスによって安定し、理想の形をつくっています。**これが大自然の法則なのです。

自然の一部である私たち人間も、この法則にしたがうことで健全に生きることができます。そして、陰と陽の意味を理解することで、さまざまな事柄のコントロールが可能になるのです。

◉五行説とは

五行説は、中国最古の王朝とされる夏王朝《かおうちょう》の王・禹《う》が考案したものといわれています。

中国の伝説によれば、そもそもこの夏王朝が実在したかどうかをめぐって議論がなされているようです。長い間考古学者たちが研究・討論してきましたが、近年の考古学の調査で、紀元前1900~前1500年頃に相当する遺跡が発見されました。それが夏王朝の宮殿跡ではないかという説が出てきて、夏王朝の存在が現実味を帯びてきたのです。

また、中国における夏王朝にまつわる伝説には、次のようなものも残されています。

当時、しばしば川が氾濫して洪水が頻繁に起こり、人々は大変困っていました。そこで一人の国王が立ち上がり、幾多の困難を乗り越えて川の治水に成功しました。その功績をたたえ、天が黄河の支流の「洛水」というところに、神亀をつかわしたのです。

長寿と幸運の象徴である神亀の甲羅には、不思議な文様が描かれていました。その模様を写し取ったものが「洛書」といわれる古記録で、後につくられた気学盤（後天定位盤ともいいます）の魔方陣の数字の配列のもとにな

気学盤（後天定位盤）

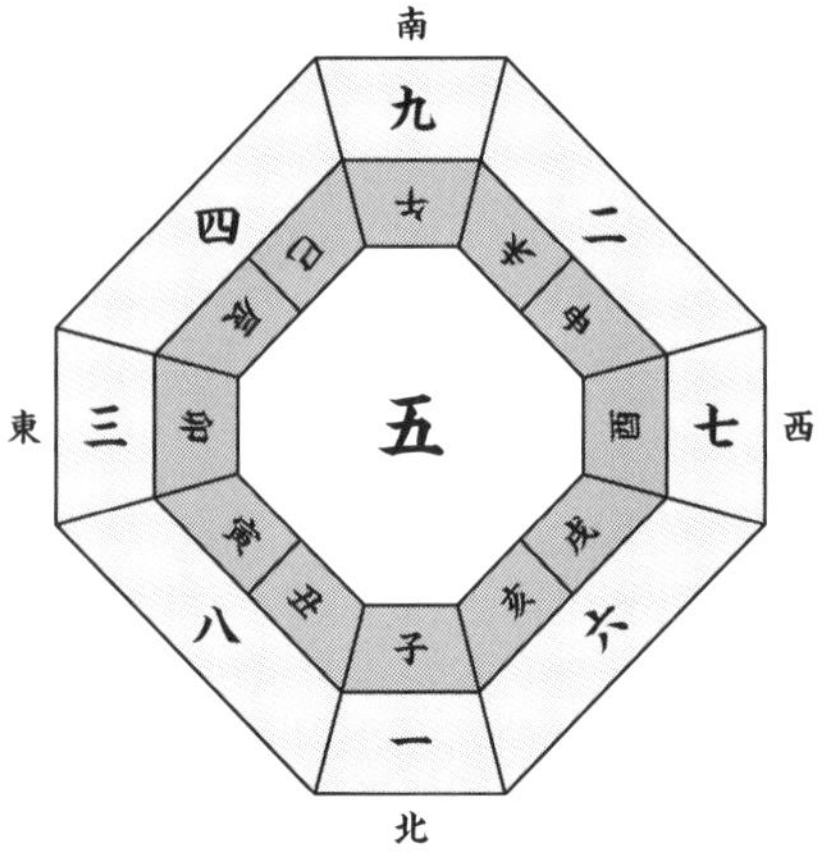

ったといわれています。**魔方陣とは、縦・横・斜めの数字を足すと、全て同じ数になるというもの**です。

五行説というのは、森羅万象の生成と変化が起きる気のめぐりと、陰と陽の相反する気が混じり合って生まれた「五気《ごき》」といわれる五つの気が由来しています。

具体的に五気とは、「木・火・土・金・水」の5元素のことをいいます。これらの五気は具体的な木や火や土などを指すのではなく、それぞれが持つエネルギーの性質を抽象化した概念で

魔方陣

4	9	2
3	5	7
8	1	6

縦、横、斜めのどれを足しても同じ数になる！

す。宇宙を含め自然界にある全てのものは、有形無形を問わず、この5元素によって構成されていると考えられています。

ここでいう「木」は樹木そのものではなく、草木が生長していく力のことだと解釈してください。同様に、その他の元素の持つエネルギーも、「火気」「土気」「金気」「水気」と呼んでいます。これらを総称したものが「五気」です。

五つの要素にはそれぞれ異なる働きがあり、それを「五行」といいます。

五行の「行」には「運行する」「めぐる」という意味があります。五気がめぐって季節が変わっていくように、五つの気が循環することで万物が生成・変化していくというのが、「五行説」の考えです。

陰陽説と五行説という2つの哲学的な思想が合体したものが「陰陽五行説」となります。すなわち、宇宙のあらゆる事象が「陰陽」のバランスで成り立ち、「五行」で構成されているという考え方です。

陰陽五行説は、自然科学分野のさまざまな理論の基盤として、中国における天文学や気象学、医学、化学など多くの学問に深く影響を与えてきました。単純に暦や時刻・天文を観測するだけでなく、自然界の陰陽と五行の変化を観察して災いを判断し、**人間における吉凶を判断する技術として浸透していったのです。**

この思想は、後に日本にも伝わり、神道や仏教にも影響を与え、易《えき》や占いの基本になりました。鍼灸《しんきゅう》や漢方も、この陰陽五行説に則ったものです。

私たちは、陰陽や五行のエネルギーを受けると同時に、天地のエネルギーの影響を受けています。方位学もその1つです。意識する・しないにかかわらず、方位には力があり、地球上の生きとし生けるもの全てがその影響を受けています。

その方位の力について理論を体系化した学問が、「方位学」です。太陽は東から昇り西に沈むように、太陽も地球も寸分違わず規則正しく動いています。人類がどんなに科学を進歩させても、こうした自然の摂理は今も昔も変わらないのです。

◉開運力を発揮する吉方

方位学の基本は、良い方位に出掛けたり引っ越したりすることで、開運をするというものです。

良い方位のことを吉方といい、吉方にはその人にとって良いエネルギーが満ちているため、そのエネルギーを取り込むことで運気が良くなります。運気をアップさせたかったら、まずは自分にとっての吉方に動きましょう。これが開運のカギであり、方位の力を用いるための基本です。

方位に力があるということを確かめたい場合は、次のような簡単な実験をしてみるといいでしょう。

① 同じ花を二本購入する

②　それぞれ同じ花瓶に挿し、東と西に置いてそのまま放置する

違いは東に置いたか西に置いたかのみですが、どちらの花のほうが元気な状態を保てるでしょうか。答えは、東に置かれた花です。

東の花は、朝方に太陽の光が短時間入るだけで室温もそれほど上がりません。一方、西に置かれた花は、日に当たる時間が長いため室温が上がり、紫外線が弱い西日が当たることで殺菌力が弱まり、傷みやすくなります。

東と西の二方位だけの簡単な実験ですが、方位には力があることがなんとなくでもおわかりいただけたのではないかと思います。私自身、こういう実験をいくつも行うことで、方位の力を実感したものです。

◉それぞれの方位が持つ意味

方位にはそれぞれ特有の力があります。

商売をやっている人でしたら、東南の方向には「信用運」や「事業運」がありますので、人の出入り口から来る「東南」の方位を取るようにアドバイスします。それと同時に「人気運」や「人間関係運」などにも注目しましょう。なぜなら、人気がなければ、お客様がお店に来てくれないからです。

商売なのですから、金運だけに注目すれば良いのでは、と思うかもしれません。

しかし多くの場合、いくつかの運気を同時に取って総合的に開運に導くようにすることで、金運も開き、自ずとお金もついてきます。

各方位の力の意味・特徴を「**象意**《しょうい》」といいます。参考までに、方位が持つ象意を表した図を載せておきます（108ページ）。

図の見方としては、例えば「腰」の問題を抱えているとしたら、東北の方位を取ると良いということになります。子どもに恵まれたいのであれば東北、仕事運を上げたいなら西南となります。

各方位の象意

北	部下運、夫婦運、健康運、貯蓄運など
東北	相続運、財産運、家族・子ども・兄弟運など
東	仕事運、才能・発展運、技術運など
東南	事業運、信用運、人脈運、結婚運など
南	出世運、地位・名誉運、人気運など
西南	営業運、不動産運、家庭運、盟友運など
西	金運、商売運、恋愛・結婚運など
西北	事業運、援助運、勝負運、出世運など
中央	全体運

このように方位にはそれぞれ特性を備えた力があるので、自分の希望に応じてその方位に行けば、力を得ることができて、希望が叶うというわけです。

方位が持つ象意

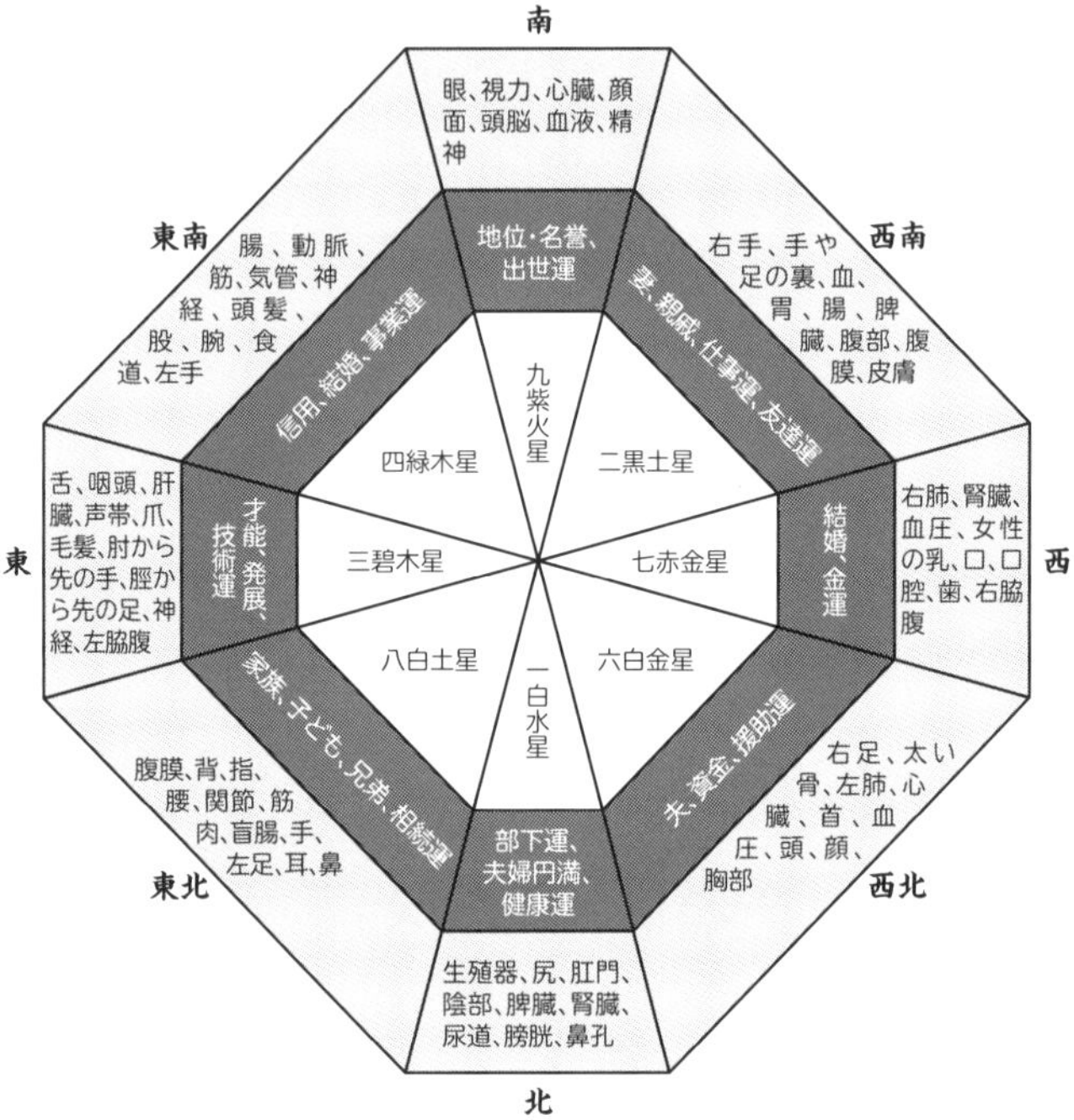

一番外側の網掛け部分は、定位盤でみる病気の部位と方位との関連です。主なものを記してありますが、あくまで一般的なものであり、それぞれの鑑定によっては違った方位を鑑定する場合もあります。あくまで目安として参考にしてください。たとえば、腰が悪い場合は一般的にいうと東北の方位を取ると良いと考えられていることになります。

方位学で重視するのは「いつ」「どこに」動いたか

方位学の本質は吉方に動くことで運気を上昇させていくことにあるため、動かないことには何も始まりません。確実に効果を出すためには、その人にとって「一番良い時期」に、「一番良い方向」へ動くことです。

そうはいっても、一番良い時期や方向を決めることは、研究を重ねた方位学のプロでないと難しいのが現状です。詳しくは後ほど解説しますが、吉方位はその人の「本命星」や「月命星」から割り出すため、全ての人が同じということでもなければ、誰にとっても良い方位というものもないからです。

前述の通り、**吉方位は常に変化しているため、一カ月前は吉方位だった場所が今**

は凶方位になっていることもあります。さらに細かくお伝えすると、1日のうちでも吉凶の変化はあり、一カ月、1年と月日がめぐる中でも常に変化があります。

そのため、皆さん一人一人に、「いつ」「どこに」動くことがベストなのかをお伝えするのが、私たち方位学の鑑定家の仕事です。

鑑定家は皆さん一人一人の星回りなどを徹底的に調べて、一番良い時期と方位をお伝えします。また、細かい注意点なども指導し、的確なアドバイスをしながら、その人の願い事が叶うよう万全のサポートをします。

吉方は全員同じではない

運にもいくつかの種類があります。健康運や恋愛運、家庭運から始まり、子どもの進学や就職などいくつかの開運に加えて、ついでに「金運も上げたい」という方が大半で、この中の1つだけ特に開運したいという人はなかなかいません。

実はお金に関していうと、ほかのことを開運しているときに一緒に運気が良くなるものなのです。そのため、仕事運や家庭運などと一緒に方位を取るのは理に適っているといえます。

つまり、「金運の方位を取る」といってもその方位の取り方はいくつもあり、その人に一番合った方位の取り方を選ばなければいけません。例を挙げると、商売をしている人の場合はまず人間関係を良好にすることで、その次に金運をあげることができます。人間関係の運が開ければ、お店にお客さんがたくさん来てくれるようになり、おのずとお金がついてくるからです。

◉金運は「西」が正解？

私が鑑定をしていると、金運を良くしたいという方が大勢います。その方に西に動くようにすすめると、「西に行くだけで何百万、何千万円というお金が入ってくる」と思い込んでしまうケースが非常に多くあります。残念ですが、西に一回動いただけで大金が転がり込むということは滅多にありません。

西は「動きのあるお金」であっても、「貯まるお金」ではありません。そのため、「貯まるお金」を得ようとするなら、西ではなく東北を取ったほうが良い場合もあるのです。西に金運というのは風水でも方位学でも共通していわれていることであり、西に金運がないわけではありません。しかし同じお金でも、方位の取り方によっては、入ってきてすぐに右から左へ出ていってしまうこともありますので、西が良いからといって安易に西へ足を運ぶと、思わぬ結果を招くことになりかねません。

東北は「貯まる」「蔵」などの象意があるところとされています。大金を手にしたいのであれば、西よりも東北、いわゆる「鬼門」を取ると、わずかながらその可能性が出てくるかもしれません。

吉方に動けば運気上昇、凶方に動けば運気低下

吉方に動いてプラスのエネルギーを取り込むための最も簡単で効果的な方法が、「祐気取《ゆうきど》り」です。

祐気取りとは、その人にとって良いエネルギーが満ちているところへ、最適な時期を選んで動くことです。その土地へ行って、プラスの空気をたっぷり体内に取り入れ、心身ともにリフレッシュすると、元気が湧いてくるのです。元気が出てくれば「よし、やるぞ」と仕事や勉強にも意欲が出てきます。そうなったらしめたもの。運気がどんどん上がっていきます。

祐気取りとは、痛んでいる木に栄養剤を入れるようなものです。良い土地のエネ

ルギーを取り込むと同時に、その土地ならではの栄養分である野菜や果物、肉類などをいただくと良いでしょう。地のものは、その土地の水やエネルギーを吸収して育っていますので、たっぷりとパワーを取ることができます。

吉方位が温泉地ならば、お湯に浸かることもおすすめです。温泉はその土地の地下水が熱せられた自然の恵みであり、その土地のエネルギーそのものといえます。温泉に浸かることで、その土地の自然エネルギーに満たされ、心身ともに運気が上がっていくでしょう。

◉祐気取りのポイント

吉方に動くときは、一人で行くときと数人で行くときでは効果が大きく異なります。**一人で行くほうがはるかにその効果は大きいのです。**一人でいると話し相手がいないため自問自答する時間が多くなります。その中で気づきや発見が得られます。

鑑定に来られた方に祐気取りをおすすめすると、「一人で行かなきゃダメですか？　友達や家族と一緒でもいいですか」と聞かれることがあります。そういう方には、「一人でなくても構いませんが、一緒に行った人から運気を吸い取られてしまうこともありますよ」とお伝えしています（笑）。

事実、仲の良い友達と行動すると、はしゃいだり、おしゃべりをしたり、普段の生活の延長になってしまい、祐気取りを忘れて単なる旅行となってしまいます。

一人旅なら、道に迷ったときなど、どうしても人にものを尋ねなければならないときも出てくるでしょう。思い切ってそばにいる人に話しかけようと自ら動くことで、それがきっかけになり、人生に大きな変化をもたらすかもしれません。

特に、これから結婚相手を探そうという女性の場合には、「一人で行ってきてください」とアドバイスするようにしています。一人旅だと、食事をしているときなど、目の前で恋人同士が楽しそうに食事をしていたりする様子が目に入ってきます。その様子を見て「うらやましいなあ」と思うこともあるでしょう。それが、次の行動のきっかけとなります。

また、離婚したいと考えている人だったら、一人でいることで今まで当たり前だと思っていたことが、当たり前ではないことに気がつくことがあるでしょう。

今までは夫（妻）の悪いところばかり目についていたのに、相手にも良いところがたくさんあることに気がつき、自分も悪かったと思うようになるかもしれません。

一人旅は、寂しさや大変さ、不便さなどを感じることが多い代わりに、新たな発見も多いのです。私が一人で行くことをおすすめしているのは、普段は気づかないような発見をたくさんして、自分を見つめ直してほしいからです。

お客様からは、「祐気取りに行くときは近場でもかまいませんか？」という質問を頂くこともあります。**祐気取りの効果は、移動した距離と時間に比例するのは確かですが、近場でも十分に効果が出ることもあります。**

暦とその人の生年月日や方位で異なってくるため、ひと言では説明できませんが、常に遠ければ良いというわけではないとご理解ください。

◉祐気取りのコツは根気よく継続すること

祐気取りは、一回だけで開運するというものではありません。少なくとも効果の兆しが現れるまでは、できるだけ何回も足を運んだほうが開運の可能性は高まります。

私はお客様に「**最低でも四カ月は祐気取りを続けてください**」とお伝えしています。経験上、本当に開運するためにはそれなりの時間が必要です。しかし、残念ながら根気強く続けてくれる人はほとんどいません。

何事もそうですが、大きな結果というのは後からやって来ます。スポーツ選手にしても受験生にしても、栄光をつかんだ人たちというのは、長い時間をかけてコツコツとたゆまぬ努力をした人たちです。祐気取りも同じように、一回だけではなく何度も続けることで、ようやくその兆しが見えるようになります。

◉方位盤について

実際に方位を確認するときには「**方位盤**」というものを使います。方位学で使われる方位盤は八角形をしており、**上が南で下が北、右が西で左が東**になっています。

これら四つの方位に対して、中心から東西南北に各30度ずつ区切られ、それぞれの方位の間に東北、東南、西南、西北と60度ずつに区切られています。

各方位には、十二支が時計回りにそれぞれ割り振られています。北の子《ね》を始まりとして、東は卯《う》、南は午《うま》、西が酉《とり》で、間の東北には丑《うし》と寅《とら》、東南には辰《たつ》と巳《み》、西南は未《ひつじ》と申《さる》、そして西北が戌《いぬ》と亥《い》です。

　ご覧いただくと、**方位学で使われる方位盤は、通常使う地図や方位磁石などとは東西南北が逆になっている**ことがおわかりいただけるでしょう。これには理由があります。

　太陽は東から昇り、正午には真上にやってきます。徐々に西へ傾き、やがて地平線に沈んでいきます。方位学における方位盤は、この太陽の動きをそのまま方位に反映させているため、上が南となるわけです。

方位盤

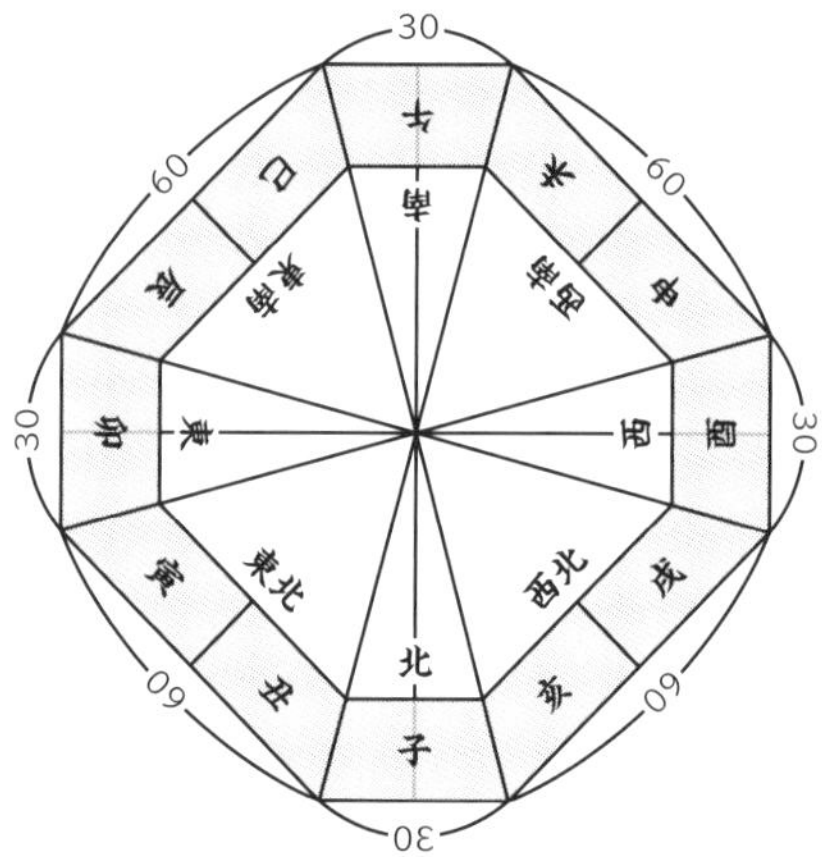

◉祐気取りの動き方

祐気取りはどの方位にどのくらい動いたらいいのか、解説していきます。

吉方位を調べるには、地図と方位盤を使います。方位の基点は現在の自分が住んでいるところとなるため、自分の居住地が載っている地図が必要になります。**祐気取りは100キロメートル以上離れたところに行くことが理想のため、地図も100キロメートル以上の範囲が載っているものを使用します。**国土交通省から出版されている『国土地理院』の地図が最も正確です。

最初にすることは、地図に正確な方位を記入することです。

方位を東西南北、東北、東南、西南、西北の八つに分けますが、全ての方位が同じ角度ではありません。東西南北はそれぞれ30度。その間に位置する東北、東南、西南、西北は60度ずつです。

方位を取る場合、次の2つのポイントが非常に重要になります。

① 自宅を基点とすること

② 方位を正確に測ること

基点が異なれば、当然ながら方位も異なります。また、同じ東京であっても、浅草と八王子では北と南のエリアが異なってきます。祐気取りに行くのは自分自身のため、あくまで**自分が住んでいる場所を基点にします**。

②の「方位を正確に測ること」も重要です。**方位がわずかでもずれてしまえば、100キロメートル先では大幅にずれてしまうことになります**。吉方位を取っていたはずが、凶方位《きょうほうい》を取っていたということにもなりかねません。そうしたミスを起こさないためにも、祐気取りをする際には、その方位の境界線付近は避ける必要があります。

◉運気が低下してしまう凶方とは

方位には吉方位があるように、**凶方位**もあることを知っておきましょう。凶方位とは、その人にとって**悪い相性の方位を取ることによって、悪いエネルギーを吸収し、その結果、マイナスの作用が出てしまう方角です。**

引っ越し、移転、旅行などがこの方位にあたると、必ず良くないことが起こるため、できる限り避ける必要があります。

しかし、凶方位を気にしていたらどこにも行けなくなってしまうため、避けなくてはならないことはわかっていても、現実にはなかなかそうはいかないものです。

例えば、受験、就職、結婚などの場合、会場の方角が悪くても変更してもらうことはできません。仕事においても、新しい取引先と契約を結ぶとき、事業運がマイナスの方位だから断念するというのもあり得ない話です。

方位学の良いところの1つに、**自らの行動で運気を上げることができる**点が挙げられます。その具体的な方法が、吉方位への引っ越しや、祐気取りなどです。

これから何かを始めようという人は、悪い方位に行かないことがベストではありますが、凶方位に行く必要があるからといって、自分の運勢を諦める必要は全くありません。**たとえ凶方位でも、「時期」をずらすことさえできれば、より良い時期を選び、凶運を避けることが可能なのです。**

悪い作用をできるだけ小さくする方法はいくらでもあるのです。

生まれ持った「先天運」

あなたは、自分のことを「運が良い人」だと思いますか。それとも「運が悪い人」だと思いますか。運が良かった、悪かったという表現でなんでも運のせいにすることがありますが、実は**運に偶然はありません。**

世の中には、人がどういう運を手にするか、あるいは手放すか、それを決めるエネルギーのようなものがあります。

あなたがこの世に生まれたとき、好むと好まざるとにかかわらず、エネルギーが体内に宿ります。その生まれつき持っているエネルギーこそが運命で、私たちが「運」と呼んでいるものです。

例えば、「日本という国に生まれたこと」「自分の両親から生まれてきたということ、これらは自分自身で選ぶことはできません。お金持ちの家に生まれたり、芸術家の家系に生まれることは、自分ではどうしようもない生まれつきの運です。これを「**先天運**」といいます。

人生というのは先天運だけで決まるわけではありません。それぞれの人の行動や考えなど、後天的な要因によって変化し、自分の運命をどんどん切り開いていくことができます。

人生は先天運と後天運のバランスによって決まる

生まれた後からの運のことを「**後天運**」といいます。先天運を変えることはできませんが、**後天運は自分自身でいくらでも変えていくことができます。**金運、健康運、恋愛運などは全て後天運によって決まり、後天運はあなたが住む場所や行動など、さまざまな要因によって変化します。

先天運に恵まれなくても、後天運を磨くことで良い人生を送る人もいますし、もともと良い先天運をさらに強めることもできます。

先天運にさまざまな後天的要素が加わることで、人の一生は成り立っています。むしろ後天的な要因によって運命は変わり、運を良くしていくこともできるのです。私たちの人生は、先天運が大枠をつくり、後天運がその大枠に沿って人生の流れをつくり上げています。**後天運を良い方向に変えて運を開いていくことこそが、私たちの人生を良い方向へ向かわせるカギとなります。**

また、後天運を良くしていくためには、自分がどういう運を持っていて、どういう性格なのかを知る必要があります。それを知るためには、自分の生まれた「星」を知ることです。１３０ページ以降で詳しく説明していきたいと思います。

方位学編

②

方位学について
くわしく知ろう

九星について

私は実際にこの目で、多くの方が方位によって開運していくのを見てきました。そのパワーの源は、皆さんそれぞれが持っている「星」（方位学でいう九星《きゅうせい》）に集約されています。

あなたがどのような星のもとに生まれ、どのような運命で、どのような性格を持っているのかを知るためには、あなたが生まれたときの星を知る必要があります。なぜなら、先天運は生まれた年のエネルギーが性格や行動に反映されるからです。あなたが生まれたときの気のエネルギーを決めているのは「**本命星**《ほんめいせい》」といわれるものです。本命星は生まれたときに回っている星のことで、これに影響を受け運命や基本的な性格が形づくられます。そのため、まずは自分の本命星を確認することから始めましょう。

本命星を探す前に、本命星はどうやって決められているのかをご説明します。**方位学では、九つの星（九星）の持つエネルギーでその人の運勢を鑑定します。**星といっても、夜空で輝く実際の星ではなく、ここでは「年まわり」といった意味を表しています。九星とは、次の九つの星を指します。

● 一白水星《いっぱくすいせい》
● 二黒土星《じこくどせい》
● 三碧木星《さんぺきもくせい》
● 四緑木星《しろくもくせい》
● 五黄土星《ごおうどせい》
● 六白金星《ろっぱくきんせい》

● 七赤金星《しちせききんせい》
● 八白土星《はっぱくどせい》
● 九紫火星《きゅうしかせい》

水星、土星、木星、金星、火星とあるように、九星には五行のエネルギーが投影されており、そのエネルギーによって性格や相性も決まってきます。詳しくは後ほどご説明しますので、まずは九星の名前だけ覚えてください。

あなたの運命を決める星は、年、月、日の3つの星によって変わってきます。生まれ年をもとに割り出す「**本命星**」、生まれた月から割り出す「**月命星**《げつめいせい》」、生まれた日から割り出す「**日命星**《にちめいせい》」の3つです。

本書では、本命星と月命星に焦点を当ててご説明していきたいと思います。

本命星について

では、実際に自分の本命星をみていきましょう。135ページの「本命星早見表」で探してみてください。

本命星をみるときには次の点に注意してください。

私たちが普段使っている暦では、1年は1月1日から始まり、12月31日で終わります。しかし、**本命星をみるときは「旧暦」を使用します**。旧暦では、1年は立春（おおよそ2月4日）から始まり、節分（おおよそ2月3日）で終わります。つまり、同じ1991年生まれの人であっても、2月4日以降の人は「九紫火星」ですが、2月3日以前に生まれた人は、前年の「一白水星」になるのです。

また、表内に★印が付いている年は2月5日から始まり2月4日で終わります。例えば1984年の場合、2月5日以降に生まれた人は「七赤金星」、2月4日以前に生まれた人は「八白土星」になります。

本命星早見表

生まれ年	本命星と十二支		生まれ年	本命星と十二支		生まれ年	本命星と十二支	
1934	三碧木星	戌	1961	三碧木星	丑	1988	三碧木星	辰
★1935	二黒土星	亥	1962	二黒土星	寅	1989	二黒土星	巳
★1936	一白水星	子	1963	一白水星	卯	1990	一白水星	午
1937	九紫火星	丑	★1964	九紫火星	辰	1991	九紫火星	未
1938	八白土星	寅	1965	八白土星	巳	1992	八白土星	申
★1939	七赤金星	卯	1966	七赤金星	午	1993	七赤金星	酉
★1940	六白金星	辰	1967	六白金星	未	1994	六白金星	戌
1941	五黄土星	巳	★1968	五黄土星	申	1995	五黄土星	亥
1942	四緑木星	午	1969	四緑木星	酉	1996	四緑木星	子
★1943	三碧木星	未	1970	三碧木星	戌	1997	三碧木星	丑
★1944	二黒土星	申	1971	二黒土星	亥	1998	二黒土星	寅
1945	一白水星	酉	★1972	一白水星	子	1999	一白水星	卯
1946	九紫火星	戌	1973	九紫火星	丑	2000	九紫火星	辰
★1947	八白土星	亥	1974	八白土星	寅	2001	八白土星	巳
★1948	七赤金星	子	1975	七赤金星	卯	2002	七赤金星	午
1949	六白金星	丑	★1976	六白金星	辰	2003	六白金星	未
1950	五黄土星	寅	1977	五黄土星	巳	2004	五黄土星	申
★1951	四緑木星	卯	1978	四緑木星	午	2005	四緑木星	酉
★1952	三碧木星	辰	1979	三碧木星	未	2006	三碧木星	戌
1953	二黒土星	巳	★1980	二黒土星	申	2007	二黒土星	亥
1954	一白水星	午	1981	一白水星	酉	2008	一白水星	子
1955	九紫火星	未	1982	九紫火星	戌	2009	九紫火星	丑
★1956	八白土星	申	1983	八白土星	亥	2010	八白土星	寅
1957	七赤金星	酉	★1984	七赤金星	子	2011	七赤金星	卯
1958	六白金星	戌	1985	六白金星	丑	2012	六白金星	辰
1959	五黄土星	亥	1986	五黄土星	寅	2013	五黄土星	巳
★1960	四緑木星	子	1987	四緑木星	卯	2014	四緑木星	午

節分の2月3日(★印は2月4日)までに生まれた人は、前年の本命星になります。

〈例〉
1977年2月3日生まれの人は、1976年の六白金星が本命星。
1994年1月6日生まれの人は、1993年の七赤金星が本命星。
2010年1月25日生まれの人は、2009年の九紫火星が本命星。

一白水星人《いっぱくすいせいじん》

◉性格と運勢

「水」とあるように、どんな器にも合うよう形を変えることができます。**水のように柔軟で順応性に優れ、どんな環境でも才能を発揮できる人が多いという特徴があります。**

気配りが上手で社交的、そのうえ義理堅いので、どんな人からも好かれ、誰とでも仲良くなれますが、他人のことに一生懸命になりすぎて振り回されることもあります。また、周囲の影響を受けやすいので、付き合う相手によっては善人にも悪人にもなる可能性があります。

頭脳明晰で器用なところも一白水星人の特徴です。**話に説得力があり、実行力に優れ、忍耐力を持ち合わせています。**物事に熱中しやすく凝り性である半面、いったん形ができあがると、それに満足して途中で投げ出してしまう面も見られます。

一方で、押しが強くて計算高く、駆け引きが上手な面を持っています。気位が高く嫉妬心や猜疑心《さいぎしん》が強いため、人の忠告や意見に耳を傾けることができず、困ったことが起きると、誰にも相談できず一人で悩んでしまう傾向もあります。

中年期に運が開ける星なので、目標を持って努力すれば大成できます。家庭運にはあまり恵まれません。また、故郷を離れて成功する人が多いようです。

◉仕事運と適職

水のように柔軟性があるため、どんな分野においても才能を発揮してやりこなす器用さがあるといえるでしょう。冷静な判断ができ、仕事も粘り強く向き合うタイプです。**内心を簡単に人に見せず、口が堅いため、機密情報を扱うような仕事が適職です。**交渉事にも才能を発揮します。水の象意《しょうい》を持つ星なので、水にかかわる仕事にも向いています。

適職は、水道関係、水産関係、船舶関係、海運関係、釣具店、飲食業、サービス業、酒屋、書道家、アロマセラピスト、水商売、学者、哲学者、企業秘書など。

◉恋愛・結婚運

冷静な性格から、燃え上がるような恋愛になりにくい傾向があります。真面目さや一生懸命さを、相手にも求めすぎないようにしましょう。

また、嫉妬深さや独占欲にも注意が必要です。婚期は早いほうでしょう。

◉開運のポイント

仁義に厚い一白水星人は、「恩知らず」な人を嫌悪する傾向があります。しかし、人に恩を施すときには、恩返しを期待してはいけません。また、冷静で聡明であるがゆえに、自己完結型で社交的な半面、人の忠告を聞き入れないところがあります。困ったことやトラブルに巻き込まれたときは、人に相談して意見や忠告をもらうようにしてみましょう。

人間関係では、自分から壁を作ろうとせず、人に心を開いて素直に自分の気持ちを伝えることや人に頼ることを覚えましょう。目標を明確に持ち、努力を続けることで、最終的に大成できます。

◉他星との相性

相性の良い人 六白金星人・七赤金星人・三碧木星人・四緑木星人

相性の良くない人 二黒土星人・五黄土星人・八白土星人・九紫火星人

郵便はがき

料金受取人払郵便

日本橋局
承認

8863

差出有効期間
2024年8月
11日まで

切手をお貼りになる
必要はございません。

103-8790

953

中央区日本橋小伝馬町15-18
EDGE小伝馬町ビル9階
総合法令出版株式会社 行

本書のご購入、ご愛読ありがとうございました。
今後の出版企画の参考とさせていただきますので、
ぜひご意見をお聞かせください。

フリガナ お名前	性別 男・女	年齢 歳
ご住所 〒 TEL ( )		
ご職業 1.学生 2.会社員·公務員 3.会社·団体役員 4.教員 5.自営業 6.主婦 7.無職 8.その他( )		

メールアドレスを記載下さった方から、毎月5名様に書籍1冊プレゼント!

新刊やイベントの情報などをお知らせする場合に使用させていただきます。

※書籍プレゼントご希望の方は、下記にメールアドレスと希望ジャンルをご記入ください。書籍へのご応募は1度限り、発送にはお時間をいただく場合がございます。結果は発送をもってかえさせていただきます。

希望ジャンル：☐ 自己啓発　☐ ビジネス　☐ スピリチュアル　☐ 実用

E-MAILアドレス　※携帯電話のメールアドレスには対応しておりません。

お買い求めいただいた本のタイトル

■お買い求めいただいた書店名

(　　　　　　　　　　　)市区町村 (　　　　　　　　　　　　　　)書店

■この本を最初に何でお知りになりましたか

□ 書店で実物を見て　□ 雑誌で見て(雑誌名　　　　　　　　　　　　　　　)
□ 新聞で見て(　　　　　　　　新聞)　□ 家族や友人にすすめられて
総合法令出版の(□ HP、□ Facebook、□ Twitter、□ Instagram)を見て
□ その他(　　　　　　　　　　　　　　　　　　　　　　　　　　　　　)

■お買い求めいただいた動機は何ですか(複数回答も可)

□ この著者の作品が好きだから　□ 興味のあるテーマだったから
□ タイトルに惹かれて　□ 表紙に惹かれて　□ 帯の文章に惹かれて
□ その他(　　　　　　　　　　　　　　　　　　　　　　　　　　　　　)

■この本について感想をお聞かせください

(表紙・本文デザイン、タイトル、価格、内容など)

(掲載される場合のペンネーム：　　　　　　　　　　　　)

■最近、お読みになった本で面白かったものは何ですか?

■最近気になっているテーマ・著者、ご意見があればお書きください

ご協力ありがとうございました。いただいたご感想を匿名で広告等に掲載させていただくことがございます。匿名での使用も希望されない場合はチェックをお願いします□
いただいた情報を、上記の目的以外に使用することはありません。

二黒土星人《じこくどせいじん》

◉性格と運勢

九星には、「土」の象意を持つ星が3つあります。その中で二黒土星人は、「低く平らな大地」を表します。それに象徴されるように、大地のような大らかな母親のイメージです。この星の人は地味で堅実ながらも、コツコツと真面目に努力をするタイプです。人を包み込む大らかさを持ち、女性であればしっかりと家庭を守る良い奥さんになるでしょう。**優しく、温かく、素直で従順、誰にでも親切と、「いい人」の代表というべき性格です。**年長者の助けがあると、さらに良い結果につながります。

理解力や考察力に長け、何事も会得が早いのですが、忘れっぽく、優柔不断な面もあります。親切で温和に見える一方で、気難しく意地っ張りで、人を見下すこともあります。

大きなことを夢見たり計画したりすることが好きなのですが、他力に頼りがちです。あまり表に立つことを好まず、無難に過ごすことを好み、石橋をたたいても渡らないという慎重な面があります。

運勢は晩年運といわれています。しかし、努力すれば早く開運することも可能です。**素直さと誠実さを持ち、目標に向かって粘り強く努力することが発展の秘訣です。**中年期に入ると、それまでの努力が実って人生の充実期を迎えます。

◉仕事運と適職

迷いやすく決断力に欠けるため、どちらかというと大きな仕事のリーダーには向きません。しかし、細かいことに目が届き、人の嫌がる仕事も率先して引き受けることができるので、その真面目さが認められて上司から引き立てられると、大きな成功を手にするでしょう。金銭面に関してはケチなところがあり、もともと大儲けに向かないタイプの人が多く、一攫千金という考えはあまり持たないほうが良いと思います。**縁の下の力持ちとして、リーダーを補佐する参謀などの役回りで実力を発揮します。**真面目で努力家なので、コツコツ働く仕事に向いています。大地の象意を持つ星なので、地面に関する仕事や大衆的な仕事にも適しています。

適職は、一般事務、不動産、土木・建築、衣料品、看護師、保育士、薬剤師、美容師、料理研究家など。大衆向けの仕事では、クリーニング店、蕎麦・ラーメン店、セールスマンなど。

◉結婚・恋愛運

深く静かに相手のことを愛する特徴があります。**不器用なため、相手の気をひくことは得意ではありませんが、いったん惹かれ合うと、相手に献身的に尽くし、信頼関係を育むことができます。**ただし、迷いやすい性格なので、恋愛に向き合う態度をしっかりと持つことが大切です。一般的にこの星の人は、男女とも良い家庭を築ける傾向があります。

◉開運のポイント

二黒土星人は温厚で優しいのですが、同時にそれは「鈍い、遅い、細かい」という欠点にもなります。優柔不断で決断力に欠けるという面を自覚して、状況を見て行動する判断力を養うようにしましょう。慎重すぎるために、せっかくのチャンスを逃してしまいかねません。**ピンチのときほど動けなくなる傾向にあるため、積極的に巡ってきたチャンスをつかむようにしましょう。**

どちらかというと、表舞台よりも裏方やサポート役に回った方が実力を発揮できる傾向にあります。人を信じやすく、無警戒すぎる面があるので、その点にも注意できれば運が開けます。

◉他星との相性

相性の良い人 九紫火星人・五黄土星人・八白土星人・六白金星人・七赤金星人

相性の良くない人 三碧木星人・四緑木星人・一白水星人

三碧木星人《さんぺきもくせいじん》

◉性格と運勢

音や雷に象徴されるように、にぎやかで、人を驚かせるタイプの星です。同じ木星でも、このあとに紹介する四緑木星人は成長した樹木であるのに対して、三碧木星人は新芽であり、これから成長する若木を象徴します。

明るく、よくしゃべり活動的で、常に話題の中心にいることを好む目立ちたがり屋の傾向があります。**頭の回転が速く、人が一を知るときに十を知るため、人よりも一歩も二歩も先が読める鋭い人です。**ただ、先見性はあるのですが、熱しやすく冷めやすいという短期集中型でもあります。

真面目で親切、それでいて義侠心も持つため、幹事などを率先して引き受けるタイプです。しかしせっかちで即断的な面が、勇み足による失敗を招くことがあります。また、自分勝手な行動や出しゃばりで、人間関係がうまくいかなくなることも多々あります。大言壮語《たいげんそうご》に行動がともなわず、安請け合いをしてしまい信用を落とすことがあります。前述の通り熱しやすく冷めやすいので、住居、仕事、恋人、趣味などをすぐに変える傾向にあります。

家族、特に父親との縁が薄い人が多く、女性は玉の輿願望が強いのも特徴です。**運勢は初年運で、人生の早い時期に運気が上昇します。**したがって、早い時期に目標を定め、中年期以降のための準備を整えることが成功の秘訣です。

◉仕事運と適職

頭脳明晰で、時代をみる先見性があります。ただ、1つのことをやり遂げる前に

自分の限界を知って途中で諦めてしまい、別の仕事に転身してしまう傾向がありま
す。**自立心が旺盛なので、自分で事業を始めたり、何かを追求する仕事に向いてい
ます。**野心が強いため、会社勤めにはあまり向きません。

流行に敏感なので、アイデアを生かす企画関係の仕事や、音楽など音に関する仕事に向いています。

適職は、ミュージシャン、音楽家、作家、放送関係、芸能関係、通信関係、ＩＴ関係、マスコミ関係、モデル、レポーター、ジャーナリスト、営業など。

◉恋愛・結婚運

直情型で、思いが高まったらそれをストレートに相手に伝えます。したがって駆け引きをするタイプではありません。独占欲が強くわがままという、少々子どもっぽい面もあります。婚期は比較的早めです。

◉開運のポイント

にぎやかで明るい性格です。雷を象意するだけあって騒々しく、口だけで行動がともなわない面があります。自己中心的な面があるので、人の意見に耳を傾けることを心がけましょう。

典型的な初年運といえます。早くから運が開けますが、それを自分の力だと過信してはいけません。周囲の人々や環境に感謝し、協調性を持つことが大切です。持ち前の弁舌に行動がともなうようにし、責任ある言動を意識すると、運が大きく開けていきます。

何事も中途半端に投げ出さず、最後までやり遂げる忍耐力を養いましょう。趣味でも習い事でもかまわないので、習慣化することです。**人生の早い時点で自分の目標を定め、中年期以降のために準備することが成功のポイントです。**

◉他星との相性

相性の良い人 一白水星人・四緑木星人・九紫火星人

相性の良くない人 六白金星人・七赤金星人・二黒土星人・五黄土星人・八白土星人

四緑木星人《しろくもくせいじん》

◉性格と運勢

三碧木星人と同じ「木」を象徴する星ですが、三碧木星人が木の新芽、若木であるのに対し、四緑木星人はどっしりと成長した樹木のイメージです。**人柄も落ち着いていて穏やかで、人を安心させる大らかさがあります**。人当たりが良く、誰にでも好かれる交際上手といえます。目上の人にかわいがられ、引き立てられて成功することが多い星です。

人の気持ちを読み取る洞察力に長けているので、相手の顔色を見て、会話をコントロールすることのできる人ですが、相手から見たときに「何を考えているのかわからない」と思われるところがあります。本心を表に出すことがないので、つかみどころがないのです。

同じようにつかみどころのない一白水星人は、持って生まれた性格なのに対し、四緑木星の人は、**気弱な面を悟られまいとして意識的に自分を隠すところがあります**。そのため、人と腹を割って話すことがなく、他人を侮る傾向があり、表面的には人に好かれていても、真の友人は多くはありません。

人の意見に素直にしたがっているようでも、心の中では違うことを考えているということがあります。用心深く、優柔不断で主体性や決断力に乏しい面があります。

冒険やチャレンジを好みません。したがって失敗もしませんが、大きな成功も少ない、着実な人生を歩むタイプです。

運勢は初年運です。多くの人に引き立ててもらうことで、順調に発展していきます。

◉仕事運と適職

四緑木星人は、九星の中でも抜群に要領が良い星です。洞察力と場の空気を読む力は、状況に合った判断や行動を可能にするでしょう。上司の気持ちを読むのも上手で、目立たないわりには抜け目なく出世します。ただし、優柔不断で決断力は乏しいため、大きなチャンスを逃したり、欲を出しすぎて失敗したりする傾向もあります。決断力と行動力がともなえば、チャンスをものにすることもできるでしょう。

順応性があるので、幅広い分野で活躍できます。木にかかわる職業や、動きのある仕事に向いています。その一方で、じっくりと腰を据えて取り組む仕事も良いでしょう。

林業、木材販売業、木工・園芸関係、旅行関係、ツアーコンダクター、貿易関係、運送業などは適職です。また、ラーメン店や蕎麦屋など、長いものに関係する職業も良いです。

◉恋愛・結婚運

一見おとなしそうに見える四緑木星人ですが、実は情熱的なロマンチストです。いったん恋愛となると一気に燃え上がることもあります。相手に親切でムードづくりもうまく、自分自身もムードがないと盛り上がりません。

一時の感情の盛り上がりで結婚してしまい、時間が経ってから後悔するということもあるため、結婚は慎重に検討しましょう。

◉開運のポイント

四緑木星人の特徴として、用心深く、自分の欲を隠そうとする面があります。

「本心を打ち明けない人」や「人の話を聞かない人」などと敬遠されないよう、素

直な気持ちを見せるように努力しましょう。

また、人に恵まれて発展していく運を持っていますが、これは怠け癖にもつながるので注意が必要です。

断固とした決断力と行動力を身につけると、チャンスをものにすることができます。

◉他星との相性

相性の良い人 一白水星人・三碧木星人・九紫火星人

相性の良くない人 六白金星人・七赤金星人・二黒土星人・五黄土星人・八白土星人

五黄土星人《ごおうどせいじん》

◉性格と運勢

土星の中心にある「全てを土に還す」星で、九星の中で最も強い「帝王の星」です。

強いリーダーシップを持ち、人望、人徳もあり、強い運気を持っています。人の上に立って仕事を成し得る親分肌といえます。環境や情勢の変化があっても、周囲の反対を押し切って困難に立ち向かい、物事を成し遂げようとします。そんな強さの一方で、寛大で慈悲深く几帳面で、弱者や自分を頼る人には犠牲をいとわず助けようとします。また、人からも助けられることが多くあります。

気位が高く、強情で偏屈なところがあります。粗野で無頓着な面もありますが、国家、社会の存亡、家庭内の危機には、必ず表に出てきて治めるのもこの星の人です。

細かいところまで気が回る半面、猜疑心が強い一面もあります。また強引に自分の意思を通そうとするため、人に恨まれやすいところがあります。

五黄土星人は、人の上に立つか、反対にとことん落ち込むか、この2パターンへと極端に分かれる傾向があります。どんな逆境に置かれても耐えることのできる芯の強さを持っています。

親子の縁が厚く、運気は晩年運で大器晩成のタイプです。男性は中年以降の病気や異性関係に注意が必要です。

◉恋愛・結婚運

情熱的でロマンチストです。いったん恋愛感情に火がつくと、情熱的に相手を愛する傾向があります。しかしそれは時として強引となり、相手に一方的に愛情を押し付けてしまうときもあります。常に相手の気持ちも考えて行動しましょう。とても情熱的なだけに、独占欲や嫉妬心も強く、男女間のトラブルに見舞われることも多いという特徴があります。

◉仕事運と適職

懐の深さと親分肌を生かせる仕事が良いでしょう。**責任感が強く、自分が主導権をとり、周囲を引っ張っていくリーダー的な立場で能力が発揮できるタイプです。**ただし、ワンマンになってはいけません。周囲の声にも耳を傾ける冷静さを養うことができれば、ここぞというときに強い運気を発揮できます。

五黄土星人は経営能力があるため、実業家として成功できます。自営業や自由業、金融業、不動産業、葬儀屋、スクラップ業、肥料関係、刑務官、清掃業などが適職です。

◉開運のポイント

「帝王の星」である五黄土星人にはリーダーとしての資質が備わっていますが、プライドが高く、自分は誰よりも優れていると考えがちです。物事が自分の思い通りに進まないと納得できない面があるので、そういう自分を自覚して理性を養うことが大切です。せっかくのリーダーシップも、度を越すとワンマンになり孤立化を招くこともあるため、注意が必要です。

人を思いやる気持ちが相手にうまく伝わらず落ち込んだときは、気持ちをさりげなく伝えるようにすると良いでしょう。しかし、どんなに落ち込んでも立ち直り、どんな環境でも負けない精神力の強さがあります。時代を見誤らなければ、努力でいつでもチャンスをつかむことができます。

信念が強く、男女ともに努力と出会いを大切にすれば成功します。**何事も謙虚な態度で行動することが、開運への近道です**。運気は晩年運ですが、欠点を自覚し克服することで、もっと早く開けることもあります。

◉他星との相性

相性の良い人 九紫火星人・二黒土星人・八白土星人・六白金星人・七赤金星人

相性の良くない人 三碧木星人・四緑木星人・一白水星人

六白金星人《ろっぱくきんせいじん》

◉性格と運勢

金星人には六白金星人と七赤金星人とがありますが、そのうち六白金星人は、「山から取り出したばかりの、磨く前の鉱石」であり、まだ用途の決まっていない粗金であり、天や太陽を表す「陽の星」です。

正義感が強く、不正や悪を許さないところがあります。気位も高くて正直者なので、妥協はせず自説を押し通すため、傲慢と思われがちです。

親分肌で義侠心が厚く、目下の人や困っている人を放っておけない面倒見の良い

性格といえます。また、度胸があり辛抱強く、人の上に立つ能力を備えています。

しかし、頭から押さえ込んだり、理不尽なことをいう相手には目上であろうととことん抵抗するため、年長者や目上の人から疎まれることも多くなります。

気品があり社交的に見える半面、指図されることを嫌うため、交際下手なところがあります。思ったことを正直にいうので、お世辞が下手です。したがって見た目は尊大ですが、実は内面は柔軟性に富んでいるという、誤解されやすい損な星ともいえます。

お金には不自由はしませんが、一方でプレゼントなどをするのも好きなので、出費はかさみます。また、外面は良くても、内面はケチという傾向もあります。

人が話しているところに割り込んで、出しゃばったり、知ったかぶりをしたりする傾向があります。完璧主義者で、物事を人任せにできず機会を逃すこともあり、意外につまらないことで騙されることもあります。

運勢は大器晩成型の晩年運です。**歳を重ねるごとに、強い運気を得られる傾向が**

あります。

◉仕事運と適職

人の上に立つことを好む六白金星人は、行動力や決断力があり、先見の明もあるので指導者や経営者として力を発揮できます。反対に、人の下で働くのは嫌いなため、独立したり、スペシャリストになったりするなど、旺盛な向上心を満足させられる仕事が適職です。

気位が高いので、人から「先生」と呼ばれる仕事が最適です。政治家、宗教家、弁護士、官僚、思想家のほか、作家、評論家、美容関係経営者、茶道や華道の師範、貴金属関係、自由業、キャビンアテンダント、スポーツ関係の仕事なども向いています。

◉恋愛・結婚運

クールで不器用な面があり、一見恋愛にはあまり関心がないようにも見えますが、いったん人を好きになると、情熱的な面が表れてきます。恋の駆け引きは苦手で、ロマンチックなムードを求める相手にとっては物足りないこともあるかもしれませんが、内面では深く、しっかりと相手を愛します。

結婚後、男性は亭主関白になる傾向がありますが、家庭は大切にするようです。女性の場合も献身的に家庭に尽くす良妻の星です。

◉開運のポイント

世話好きでお人よしでありながら、生来の風格と頭脳明晰さで、自然と気位が高くなる傾向にあります。自意識過剰になって無意識に人を見下してしまうようになると、人間関係に問題が生じるため注意が必要です。歯に衣着せぬ言い方が思いもかけず相手を傷つけ、損をする可能性もあります。いつも謙虚な態度を心がけ、相手の立場を理解し、引き立ててあげることも大切です。

理想が高くさまざまなアイデアが思い浮かびますが、大きな仕事をするときに迷ってしまうこともあります。時には思い切った判断が必要だということを覚えておきましょう。

行動した後のことまで考える慎重さが加われば、ずば抜けた行動力が功を奏します。

晩年運ですが、進んで新しいことをしようとする取り組み方を磨いていけば、成功は早く訪れるでしょう。

◉他星との相性

相性の良い人 二黒土星人・八白土星人・五黄土星人・七赤金星人・一白水星人

相性の良くない人 九紫火星人・三碧木星人・四緑木星人

七赤金星人《しちせききんせいじん》

◉性格と運勢

同じ金星でも、六白金星人が「磨かれる前の鉱石」であるのに対し、七赤金星人はお金やアクセサリーのように細工された「光り輝く貴金属」を表します。生まれながらにしてお金や物に困らないという、恵まれた星です。

「光り輝く貴金属」のイメージの通り、陽気で快活、華やかでおしゃれ、多くの才能に恵まれる傾向にあります。頭の回転も速く、器用で世話好き、世の中を上手に渡る才覚に長けています。**交際上手で社交性に富み、順応性や適応力も高く、さら**

に愛嬌もあるので誰からも好かれます。しかし、悪くいえば八方美人で、広く浅い付き合いを好むのが七赤金星人の特徴です。

大抵のことは持ち前の器用さでこなしてしまいます。また、流行に敏感で、趣味や服装、髪型などは流行に合わせて変化します。こと遊びに関しては名人といえるレベルで、習い事などは熱心に取り組みます。

その一方で、七赤金星人には殺伐とした面が潜んでいますので、表面の明るさとは裏腹に冷酷で非情なところもあります。他人を批判したり、交遊関係の広さから異性問題を引き起こしたりしがちなので、注意が必要です。

気が変わりやすく、約束を履行しないこともあります。コツコツ努力するのは苦手で、粘り強さに欠けます。失敗を顧みない性質のため、何度も同じ失敗を繰り返す傾向があります。

社交性があり陽気に見える一方で、内面は神経質で猜疑心も強く、裏表のある人といえます。また、自尊心が強いわりには、すぐに自信を喪失するもろさもあります。運勢は中年運です。

◉仕事運と適職

才能豊かで、どんなことにも臨機応変に対応できる点は、ビジネスに向いているといえるでしょう。社交的で愛嬌がある点は、華やかで表に出る職業が向いています。また、浅くとも幅広い知識を生かせるような仕事も適職です。

約束を守り、有言実行を心がけ、最後までやり遂げる忍耐力を身につける努力をしていけば、周囲から信頼を得ることができ成功に近づくでしょう。

口の巧みさを生かすセールス業や水商売、司会業、アナウンサーや金融関係、アクセサリー・貴金属を扱う仕事、ライター、ホテルマン、サービス業、芸能関係、服飾関係なども適職です。保育士や看護師などの献身的な職業も向いています。

◉恋愛・結婚運

開放的で明るい性格のため、異性からも好かれ、恋愛を謳歌できるのが七赤金星人です。ただし、恋愛に盲目的になってしまう面も否定できません。初婚で失敗することが多いのもこの星の特徴です。異性をみる目を十分に養ってから結婚に踏み切ったほうが良いでしょう。

◉開運のポイント

九星の中でも社交性が際立って高いため、交渉事に力を発揮するといえます。社会の荒波を乗り切っていく世渡りのうまさを持っていますが、好き嫌いが激しい点はマイナスに働くため、そこに気をつけて行動すれば人望を勝ち取れます。

七赤金星人は、裕福な家庭に生まれることが多いとされていますが、環境に甘えることなく、若いときから外に出て苦労を経験するほうが開運につながります。

女性は繊細な性格で人付き合いが良く、思ったことをはっきり伝えるため口論には強いですが、実行力がともなわないと口だけの軽薄な人という印象を与えてしまいかねません。

男女とも自分本位の行動は慎みましょう。また、簡単な口約束などはせずに、公言したことは実行するように心がけてください。

◉他星との相性

相性の良い人 二黒土星人・八白土星人・五黄土星人・六白金星人・一白水星人

相性の良くない人 九紫火星人・三碧木星人・四緑木星人

八白土星人《はっぱくどせいじん》

◉性格と運勢

同じ土星人でも、二黒や五黄が「平らな大地」であるのに対し、八白土星人は「小高い土地や山」のイメージです。**実直で温順、しっかり者で辛抱強く、仕事熱心で万事に器用です。**一度決めた目標はコツコツ努力して必ず成し遂げる意志の強さを持っています。人情味にあふれ、困っている人をみると放っておけない性格でもあります。

また、倹約家で貯蓄の才にも長けているので、お金が貯まります。ただし、人にプレゼントしたり奢ったりすることが得意ではないので、行きすぎるとケチと思われることもあります。

八白土星人の欠点は、人間的な固さや頑固さだといえます。うぬぼれが強く、理屈屋で強情な面があり、反省心に欠けるため融通が利かない性格といえます。信念を貫く点は良いですが、行きすぎれば自分の意見を一方的に相手に押し付ける「お山の大将」になりかねません。

独りよがりでむやみに威張り散らす傾向もあり、うまくいかない責任を他人に転嫁する傾向があります。猜疑心が強いことでチャンスを逃したり、反対に先走ってしまい失敗することもあります。気分にむらがあり、決断力が乏しいのも欠点といえます。

この星の人は強い運気とリーダーシップがあり、人心を掌握してその頂点に立つ資質を備えています。運勢は中年から晩年運といわれます。

◉仕事運と適職

人の上に立つ気位がある人ですので、一国一城の主となる資質は十分にあります。ただし、人に頭を下げることは苦手なので、商売上失敗してしまうこともあります。協調性に欠ける半面、コツコツ努力する意志の強さを持ち、真面目で勤勉な努力家なので、堅い職業に向いています。職人気質の強い人が多いのも特徴です。

土に関連する仕事である不動産関係や土木・建築業に向きます。旅館・ホテル業、金融業、料理人、仲介人、司会業、公務員なども適職です。また、器用さを活かした職業にも向きます。

◉恋愛・結婚運

恋愛については非常に慎重なタイプです。一気に燃え上がる、ということはほとんど見られません。**好きになっても、自分の思いを相手に伝えることが苦手なので、恋愛に発展しないケースも多くあります。**ただいったん恋愛に発展すると、結婚までの道のりは早いでしょう。執着心や独占欲が強いのも、八白土星人の特徴です。

◉開運のポイント

万事に丁寧な努力型、さらに意志の強さを兼ね備えていますが、一方で、頑固で理屈っぽい点もあります。物事は表裏一体です。「丁寧」という長所は「鈍くて遅い」という短所に、「意志の強さ」という長所は「頑固で融通が利かない」という短所にもつながることを理解しておきましょう。

協調性に欠ける傾向にあるため、短所が目立ってしまうのかもしれません。したがって、まずは協調性を養うことが先決です。**人の輪に積極的に加わり、人に対する柔軟さを意識的に養うことで協調性が備われば、運が大きく開けます。**

また、外面と違って内面が弱く、そのため行動に矛盾が生じてしまうことが多々あるため、気分屋に見られてしまいます。自分の言動に責任を持つよう心がけてください。気前は良いですが、散財する人には運が回ってこないため、財産は定期預金、積立預金、不動産などに換えておくことをおすすめします。

◉他星との相性

相性の良い人 九紫火星人・二黒土星人・五黄土星人・六白金星人・七赤金星人

相性の良くない人 三碧木星人・四緑木星人・一白水星人

九紫火星人《きゅうしかせいじん》

◉性格と運勢

文字通り、「燃え盛る炎」を意味する華やかな星で、派手で陽気な熱血《ねっけつ》タイプです。華やかな外見で、おしゃれな美男・美女が多いのが特徴でもあります。

九つの星の中でピカ一の頭脳明晰さを併せ持つ九紫火星人は、勉強熱心で知識欲も旺盛です。そのため、知りたいと思ったことはとことん追求していきます。**感受性が豊かで、先見の明があり、時代を先取りする能力に長けています。**失敗して落ち込むことがあっても、冷静に判断して立て直す賢さを持ち合わせています。思いつくとすぐに行動するタイプです。

話し好きで巧みに話す能力もありますが、虚栄心が強いため、苦境に陥ったとき、人に悟られないように見栄を張って外に見せない面があります。自分のことは話したがらず、自分の心のなかに他人を入れようとしないところもあるでしょう。

また、熱しやすく冷めやすい傾向があり、自分本位で浮気っぽく、毎日のように会っていた人でも急に連絡を取らなくなるなど、極端な面があります。反骨精神が強く、先輩や上司に反発することも多いのが九紫火星人です。

派手な性格や顔立ちを持つため、うぬぼれが強く、人を見下すところがあります。一見強情でわがままですが、内面には弱気で陰気っぽい面を持っています。運勢は中年運です。

◉恋愛・結婚運

文字通り、火が燃え盛るような、情熱的な恋愛を好みます。美的センスも高いため、男女とも面食いの傾向があります。**感性を大事にしているため一目惚れも多く、フィーリングの合う相手と恋愛する傾向があります。**

九紫火星人は容姿端麗なので異性にもてます。そのため、男女間のトラブルに発展することもありますので、注意が必要です。

◉仕事運と適職

九紫火星人は、独立独歩の気概が強く「指導者の星」といわれます。人の上に立ち、一国一城の主を目指そうとします。ただし、部下運には恵まれておらず、いざというとき頼れる人がいないことになってしまいます。本来は部下思いなのですが、切り替えが極端すぎる性格から、周囲に無責任な態度と受け取られてしまいがちです。良き協力者を見つけることができれば、大きな運が開けるでしょう。

明晰な頭脳と旺盛な知識欲は、学者、教育者、外交官、弁護士、裁判官、医師、ジャーナリストといった知的な職業に向いています。

ファッション関係、美容関係、芸能関係、カメラマン、画家、美術家といった職業では、その美的センスが生かされるでしょう。

◉開運のポイント

華やかでいて頭脳明晰のため、ほかの星にはない才能を持った天才肌で、文化人にも多く見られる星です。

自分の言動に絶対的な自信を持つだけに、人の忠告は聞き入れようとしないところがあります。そのため、失敗しても自分の責任を認めたがらず、反省をすることがありません。いつもその調子では、人はついて来なくなります。

いくら才能があっても、自分一人の力には限界があると認識し、自己中心的な考え方を改め、人の協力が得られるように対人関係を大切にしましょう。

◉他星との相性

相性の良い人 三碧木星人・四緑木星人・二黒土星人・八白土星人・五黄土星人

相性の良くない人 一白水星人・六白金星人・七赤金星人

月命星について

前項で「本命星」を確認していただいたことで、基本的な性格や運勢がイメージできたかと思います。実は、本命星のほかにも、もう1つ重要な「星」があるので、ご紹介させてください。

もう1つの重要な星、それは「月命星」です。

本命星が自分の性格や運勢を表すとしたら、月命星は弱点や欠点を表します。月命星を丁寧に読み取ることで、その人が抱える問題の解決策が見えてくるのです。

人は、生まれてから1～18歳くらいまでこの月命星に支配されています。そして18～22歳ぐらいになると「月命星」は内側に引っ込み、「本命星」が外側に出てくるようになります。しかし、内側に引っ込んだからといって、月命星の影響がなくなるわけではありません。

月命星は心の奥深いところから影響を及ぼし、自分自身の行動パターンとして表れてくることがあります。その結果として、トラブルを引き起こすこともあるので注意が必要です。


では実際に、次ページの「月命星早見表」をもとに、自分の月命星を確認していきましょう。横軸の「本命星」と縦軸の生まれ月が交差したところが「月命星」となります。なお、月の始まりが1日からではないことに注意してください。

月命星がわかったら、130ページからの九星の説明を参考にしてみてください。たとえば本命星が一白水星人で、月命星が四緑木星人の方であれば、両方の星の性質を持っていることになります。運勢や性質をみるときは、本命星と月命星の両方の基本的特性を参照することで、より深く自分を知ることができます。

月命星早見表

本命星 ＼ 生まれ月	七赤金星 四緑木星 一白水星	八白土星 五黄土星 二黒土星	九紫火星 六白金星 三碧木星
2月 (2/4〜3/5)	八白土星	二黒土星	五黄土星
3月 (3/6〜4/4)	七赤金星	一白水星	四緑木星
4月 (4/5〜5/4)	六白金星	九紫火星	三碧木星
5月 (5/5〜6/4)	五黄土星	八白土星	二黒土星
6月 (6/5〜7/6)	四緑木星	七赤金星	一白水星
7月 (7/7〜8/6)	三碧木星	六白金星	九紫火星
8月 (8/7〜9/6)	二黒土星	五黄土星	八白土星
9月 (9/7〜10/7)	一白水星	四緑木星	七赤金星
10月 (10/8〜11/6)	九紫火星	三碧木星	六白金星
11月 (11/7〜12/6)	八白土星	二黒土星	五黄土星
12月 (12/7〜翌年1/4)	七赤金星	一白水星	四緑木星
1月 (1/5〜2/3)	六白金星	九紫火星	三碧木星

節入りは年によって2〜3日のずれが生じます。

方位と十二支の意外な関係

読者の皆さんの中には、引っ越しをしたら良いことが起こるようになった、という経験をしたことのある人もいるかもしれません。その経験が、実は「方位」の影響を受けた結果であるといったら、信じていただけますでしょうか。

「はじめに」でも触れたように、古代中国の人々は、さまざまな経験を重ねていくうちに、「方位」に関して一定の規則性があることに気がつきました。そして何千年という年月をかけて、それらを研究・検証してきました。それが「方位学」なのです。

方位学では、方位を北・東北・東・東南・南・西南・西・西北の8つに分けています。この8つの方位のどこかに九星が必ず回座《かいざ》しているのですが、九星に対して八方位では、1つ方位が足りなくなってしまいます。どの方位にも入らない星は八方位の中心に入ります。

九星は、その方位に定着しているわけではなく、常に動いており、年により、月により、日により回転し、さらに細かくすると、2時間ごとに巡回しています。

そして、どの星も9年に一度八方位の中心である「**中宮**」に入ります。自分が生まれた年にこの中宮に入っている星が「**本命星**」というわけです。たとえば1975(昭和50年)生まれの人の場合は中宮には七赤金星が入っていますので、本命星は七赤金星となります。

星の動きには法則性があり、中宮からスタートして、西北→西→東北→南→北→西南→東→東南と回り、再び中宮に戻ってきます。

あなたが生まれた年に八方位の中心にあった本命星は、そこから1年ごとに、西北→西→東北と、刻々と位置を変えていきます。それによって運勢も移り変わっていくのです。

◉天にあるエネルギー「十干」と地にあるエネルギー「十二支」

方位盤にある数字は九つの星に対応しています。そして、これらの星の持つ象意が、方位に対して最も大きな影響を与えています。

また、120ページにあるように、方位盤の北から時計回りに、各方位に合わせて、子・丑・寅・卯・辰・巳・午・未・申・酉・戌・亥の順に十二支が配されていることにも注目してください。**十二支が配されている意味は、私たちが星だけでなく、天と地のエネルギーからも影響を受けていることを表しています。**

天にあるエネルギーを「十干《じっかん》」といいます。「十干」とは、五行の「木・火・土・金・水」に陰と陽の要素を分配し、それぞれを「干支」に分けて、木の陽がキノエ〔甲〕、木の陰がキノト〔乙〕、火の陽がヒノエ〔丙〕、火の陰がヒノト〔丁〕

というように、「甲《こう》・乙《おつ》・丙《へい》・丁《てい》・戊《ぼ》・己《き》・庚《こう》・辛《しん》・壬《じん》・癸《き》」の十文字を順番に配したものをいいます。

また「十二支」にはご存じの通り、「子・丑・寅・卯・辰・巳・午・未・申・酉・戌・亥」の十二の文字を配しています。それぞれ動物の名前が付けられていますが、方位学の場合は実際の動物ではなく、天球を2分割し、それぞれの区画に付けた「**数詞《すうし》**」を表しています。**1、2、3の代わりに子、丑、寅と数えていたというわけです。**この十二支の起こりは、約1年かけて天を一周する木星が、毎年どの方角にいるかを示すためのものでした。

陰陽のエネルギーや五行のエネルギーと同じように、各方位にも、十干十二支のエネルギーが働いており、そのエネルギーも運を左右する1つの要因になっています。そのため、方位盤には十二支が北から時計回りに記されています。

中国では古くから、十干は旬（10日間）の記号として、また十二支は月の記号として用いてきました。この十干と十二支を組み合わせたものが「干支」で、全部で60通り（十と十二の最小公倍数）あります。

これを暦に用いると60年周期となり、61年目に元の干支に戻ります。人間が生まれてから60歳になることを**「還暦」**といいますよね。これは、この60通りの組み合わせが一巡するところから来ています。

天にあるエネルギーを「十干」、地にあるエネルギーを「十二支」といいます。子・丑・寅といえば動物を思い浮かべると思いますが、それぞれの区画は「天宮」といい、たとえば「亥」の天宮に木星があれば、その年は「亥年」となります。

◉陰陽の影響

さらに、方位は陰陽の影響も受けています。方位盤でいえば、北から東を通って南までの半分が「陽」とされ、南から北へ向かう半分が「陰」とされます。季節でいえば、冬から夏までが「陽」、夏から冬までが「陰」となります。1日でみれば、午前中が「陽」で、午後が「陰」です。そして、両方の交わるところが北と南となります。方位をみるということは、その方位のエネルギーの象意を読み取ることと同じです。

各方位の象意は次のようなものが代表的です。

各方位の象意

- 東　日が昇り草木が芽吹く春（3月ごろ）
- 東南　東から南に太陽が移り、植物が生長する4月と5月
- 南　太陽が真上にやって来る6月
- 西南　夏が過ぎ、植物は実りの秋を迎える
- 西　食べ物の収穫の季節（9月ごろ）

・西北　秋から冬に向かう季節
・北　真冬の凍える季節

このことからわかるように、「方位」は自然の移り変わりを写し取ったもので、自然の全ての現象、事象が隠されています。

方位学 編

③

今日からできる開運方法

身近な開運方法

「はじめに」でも申し上げた通り、運の悪い人というのは、良くないことが起きたとき、これから先もずっと良くないことが起きると思い込んでしまう傾向にあります。運を良くするには、まず考え方を変えることが最初の一歩ですが、それだけで急激に運が良くなるわけではありません。

本当に運を開きたいのであれば、自ら行動していく必要があります。繰り返しになりますが、方位学の基本は吉方位に動くことで開運することです。吉方にはその人にとって良いエネルギーが満ちており、そのエネルギーを取り込むことで運気が良くなります。つまり、**自分自身が動くことではじめて運をつかむことができる**のです。

私の事務所にいらっしゃる方は、今自分の抱えている問題を解決したいと心の底から思っている方がほとんどです。しかし、時間や費用などの問題で鑑定にいらっしゃることができないこともあります。

そこまで深刻な問題は抱えていないけれど、方位学に興味があって、自分にできる範囲で開運してみたいという方も多いと思います。

そこでこの章では、「**今日からできる開運方法**」として、どのように動けば開運につながるのかをご紹介していきます。

◉いつでも行ける身近なパワースポット

「近所にパワースポットがあったらいいな」と考える人は多いでしょう。しかし、パワースポットとは、なにも神秘的なところだけではありません。清々しく、空気の良さそうなところであれば、そこはあなたにとってのパワースポットなのです。

たとえば、近所にある公園などはいかがでしょうか。よく見てみると、木々が生い茂り、空気が良く、あなたにとって落ち着く場所ではありませんか。

気持ちの切り替えこそが、方位の極意であるといえます。いつもと違う環境に身を置き、自分と向き合う時間を取ったことにより、運が動くのです。

◉家の中でも開運できる

なかなか外出する時間が取れないという方に向けて、部屋の中でできる開運方法もあります。**その方法はいたってシンプルで、部屋を掃除して環境を良くすることです。**汚い部屋のままで「運が強くなりました」なんていう話は一度も聞いたことがありませんので、まずは片付けをする、これに尽きます。

公園へ散歩に行き、帰ってきてせっかく清々しい気持ちになったのに、部屋が汚いままでは、何の意味もありませんよね。きれいな部屋であるからこそ、前向きに生活することができるのです。

掃除にもおすすめの方法があります。それは、掃除機ではなく、「箒《ほうき》」と「ハタキ」を使うことです。

箒とハタキを使った掃除方法は簡単です。最初に、家の窓を全開にして換気を良くします。窓が閉めっ放しでは、部屋が暗く運気も入ってこないため、窓を開けて風を通すことで、気の流れも良くなります。このとき、部屋に朝日が入るようであればなお良しです。次に、ハタキで部屋にたまったホコリを叩いて舞わせ、箒でゴミやホコリを集めて、掃き出します。

毎日やればホコリはだんだん少なくなり、清々しい気分になります。気分が悪いときなどに、窓を開けてホコリを払ってみるだけでも、気分が変わります。つまり、掃除によって家の中の「悪い気」「邪気」を掃き出してしまうのです。

このように、運を開く人というのは、すぐに取り入れることができる行動を取り、開運のきっかけをつかむのがうまいものなのです。

九星別　運気をアップさせる行動

ここでは、九星別に運気をアップさせるためにおすすめの行動をご紹介します。
普段やらないことに着手し、日常生活の行動から外れることで、何か答えが出てくるものなのです。

◉一白水星

一白水星の運気をアップさせる行動のポイントは、「優雅さ」と「高級な物」です。

普段はあまりこういったものに縁がないと思う方も多いかもしれませんが、これらのものがツキを呼びます。「量より質」をねらって、ちょっと良い品を選ぶ、使うことを意識してみましょう。

お酒を飲む場合でも、あえて高級なお酒を選んでみてください。また、ボールペンでも良い品を選ぶ、名品といわれている物を使うなど、ちょっとしたところで「高級品」を取り入れてみると良いでしょう。

ただし、「優雅さ」というのは、上品でゆとりがあるという意味であり、お金をかけるという意味ではありません。

たとえば休日をカフェで過ごすとするならば、駅前の騒がしいお店で400円のコーヒーを飲むよりも、古くても良いので品の良いジャズが流れているような喫茶店に入り、いれたての700円のコーヒーを美しいカップで、香りと味を楽しみゆったりと嗜《たしな》む。片手にはお気に入りの小説を持つなど、このように優雅な時間を楽しんでみてください。

- 神社や仏閣に詣《もう》でる、古都に行く
- サイクリングをする、オートバイに乗る、車でドライブする
- 空港に行く
- 飛行機で旅をする
- ゴルフをする
- 高級品をみる、身につける
- 劇や舞台をみに行く
- 歌舞伎や能を堪能する
- サウナに入る
- お酒を嗜む
- ビリヤードなどの球技で遊ぶ
- 優雅な旅行、リゾート地などに行く
- 音楽鑑賞、ライブをみる

◉二黒土星

二黒土星の運気をアップさせる行動のポイントは、「美しく華やかに」です。写真や美術など、なるべく美しい物を積極的に鑑賞するなどして、生活の中に取り入れてみてください。

普段は謙虚でおとなしい印象の二黒土星ですが、休日は部屋で動画配信サービスを見ているよりも、舞台をみに行ったり、人気アーティストのライブをみに行ったりと、華やかな行動にトライしてみると良いでしょう。また、贅を尽くした建物や庭をみたり、花を買ってきて生けたりするのも良いでしょう。

休日を過ごすならば、ラーメン屋で食事をするよりも、華やかなホテルのラウンジに行き、思い切って1000円のコーヒーを飲む、高級デパートに行って美しいカーペットや食器、着物などをみる、美しい絵画の美術展をみに行くなどの行動が幸運を呼びます。

- 裁判を傍聴する
- 「宝塚」などの華やかな舞台をみる
- 華やかなダンスショーをみる
- 花火をみに行く
- 写真を撮る
- 美術品をみる、個展をみに行く
- フラワーアレンジメントをする
- 植物園に行き美しい花をみる
- 熱帯魚を飼う
- スキューバダイビングで美しい魚をみる
- 美容室に行く
- ネイルサロンやアロママッサージなど美に関することをする
- 映画をみに行く
- カラフルな刺繍をする

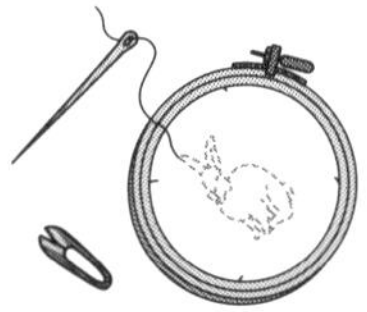

あまり派手好みではない二黒土星ですが、実は華やかな物が幸運を呼び込みます。行動しやすいことから取り入れてみてください。

◉三碧木星

どちらかというと「流行」や「お得」という言葉に弱い三碧木星。でもたまには「ちょっとゆっくり」を意識してみてください。

ポイントは「水辺」と「静かでゆっくりできる場所」です。にぎやかな三碧木星の人はゆったりとした行動が合わないと感じるかもしれませんが、「夜に遊ぶ」「バーに行く」などで開運できます。

休日を過ごすならば、にぎやかで騒がしい商店街を歩いてお茶やご飯をするよりも、少し大人なランチを楽しみ、公園で散歩をしてみる、公園にお弁当を持って行ってゆっくり過ごすというのも良いでしょう。海を見に行っても良いですし、手軽に入れる水族館に行ってみるなど、水辺でゆっくりとした時間を過ごすこともおすすめです。

歴史のある歓楽街は、必ずしも有名なところへ行く必要はありません。その名が全国的に知られていなくても、昔ながらの歓楽街がどの地域にもあるはずです。ぜひ取り入れてみてください。

- 湖や池などの水辺を散歩する
- 海水浴をする
- 水泳をする
- 海でスキューバダイビングをする
- 船に乗る
- 水族館へ行く
- 水彩画を嗜む
- 書道をする
- 釣りをする

- バーに行く
- 夜に遊ぶ
- 喫茶店でお茶をする
- 温泉に行く
- 歴史のある歓楽街に行く（例：京都の先斗町《ぽんとちょう》、東京の神楽坂など）

騒がしい三碧木星ですが、案外静かな場所やゆっくりできる空間と相性が良いので、意識してそうした場所に足を運んでみましょう。

◉四緑木星

もともとゆったりとした雰囲気があって、落ち着いている四緑木星。**ポイントは「マイナーな場所」と「水」に関することです。**

休日を過ごすなら、なんの目的もなくだらだらと過ごすよりも、カラオケに行って楽しんだり、サウナで汗を流したりすると良いでしょう。公園や河川敷、土手などの水辺でゆっくり過ごすのもおすすめです。また、日常を忘れて精神的にリフレッシュできる座禅もおすすめです。リラックスということでは、ヨガも良いでしょう。

食べることが大好きな四緑木星は、お寿司も幸運アイテムの1つです。回転寿司よりも、少しランクアップしたお店が吉です。ぜひ行ってみてください。

- 海や湖で釣りをする
- ボートに乗る
- 健康ランドなどの浴場に行く
- サウナに入る
- 寿司屋に行く
- お酒を嗜む
- 歓楽街で遊ぶ

● 編み物や縫い物をする
● お寺に行く
● 座禅を組む
● 水墨画を描く
● 滝をみに行く
● 音楽、カラオケを楽しむ
● ボイストレーニングをする

四緑木星の方は、もともと落ち着いている方が多いので、これらの開運行動を無理なく実行できるのではないでしょうか。

◉五黄土星

ポイントは「美しい物」と「知識を高める行為」です。大人になると忘れがちな

「勉強」に取り組んでみるのはいかがでしょうか。新しい分野の勉強に取り組むのも良いですし、これまで趣味だったことをさらに突き詰めてみるのも良いでしょう。資格試験にチャレンジするのもおすすめです。とにかく、「知性を磨くこと」や「美しくなること」に意識を強く向けてみましょう。

休日を過ごすとすれば、文学小説を読んでみたり、語学や雑学、クロスワードパズルなど、頭を使う本を選んでみたりすると良いでしょう。また、生花を買ってきて生けることもおすすめです。

また、美しい自然の景色や高層ビルからの夜景などをみるのも開運につながります。

お茶を飲むときは、大衆的で安いお店ではなく、ワンランクアップしてちょっと高級なお店を選んでみてください。

● 美しい物をみる

- 景観が美しい場所へ旅行する
- 美術品や装飾品をみる、身につける
- 生け花や盆栽をする
- 油絵を嗜む
- 格闘技を観戦する
- 写真を撮る
- ヨガをする
- 本を読む
- 資格試験に挑戦する
- 太陽の下でスポーツや散歩をする
- 神社、仏閣に詣でる
- スパや温泉に行く
- エステやネイルサロン、美容室で美を磨く

華やかなものや美しいものが五黄土星の運気をアップさせてくれる要素です。これらの行動をうまく生かしてみてください。

◉六白金星

高貴な印象があり、高級なものが好きな六白金星。でも、そんな性質とは逆に、大衆的な場所や行動が幸運を引き寄せます。

ここでのポイントは「大衆的」であること、そして「小高い場所」と「土いじり」です。たまには喧騒から離れて、土と戯れるのも良いでしょう。庭で植物を育てても良いですし、プランターで野菜をつくっても良いと思います。お花を寄せ植えして、季節ごとに楽しむのもおすすめです。

休日を過ごすとするならば、食事は古いけど美味しい、昔ながらの味が楽しめるようなお店がおすすめです。また、車でデパートへショッピングに行くよりも、電車に乗って商店街に行き、商店街で地元の人と話をしながら美味しいお店を見つけるほうが吉となります。

食材を買うときは、スーパーできれいな野菜を買うのではなく、産地直送センターなどで、土がついた新鮮な野菜を買いましょう。このように、大地のパワーを感じるような行動が吉を呼びます。また、土に関連することから、陶芸にチャレンジするのも良いでしょう。

- ガーデニングや盆栽をする
- 商店街を散策する
- 家庭菜園を楽しむ
- 骨董品をみる
- 陶芸をする
- お城をみる
- 家具をつくる、みに行く

- ロープウェイやケーブルカーに乗る
- 登山をする
- 古い街や下町に遊びに行く
- 避暑地など標高の高いところに行く
- ゴルフを楽しむ
- 畑仕事をする
- 電車に乗る

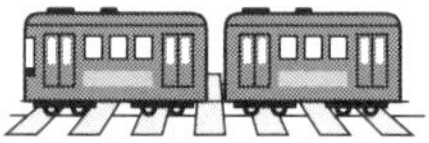

六白金星の開運ポイントは、「冷静さ」や「謙虚さ」です。どちらもこれらの開運行動により養うことができます。

◉七赤金星

流行に敏感で趣味にもこだわりがある七赤金星ですが、そのような性質とは逆に、**自然と触れ合うような行動が吉を呼びます。**

ポイントは「土」や「地の物」、樹木のある場所、そして小高い場所です。「地産地消」という言葉にあるように、普段食料品を買うときにも、そうした地の物を使うように心がけてみてはいかがでしょうか。ご自身で野菜づくりをしても良いですし、植物を育てるのも吉です。

休日を過ごすとすれば、街へ出掛けて過ごしたり、流行りのスポットへ遊びに行ったりするよりも、歴史のある建物をみに行ったり、お弁当を持って自然の多い公園に遊びに行ったり、サイクリングをしたりすると良いでしょう。

お茶をするのも、おしゃれなカフェも良いですが、昔からあるような大衆的な喫茶店や甘味処を選ぶほうがおすすめです。

下町や商店街など、一般大衆的な場所へ行くことによって運気が上がる傾向があります。ぜひ参考にしてください。

- 庭いじりをする
- 家庭菜園を楽しむ
- 「道の駅」など、農家直送野菜や地の物を販売している場所へ行く
- パンやケーキをつくる
- デパートに行く
- アウトレットモールに行く
- 公園や草原を散歩する
- 森林浴をする
- 歴史のある品や建造物などをみる
- 登山する
- ロープウエーやケーブルカーに乗る
- ヨガをする
- 田舎に遊びに行く
- 電車に乗る

気分転換としての行動が開運につながります。ぜひ試してみてください。

◉八白土星

倹約家でコツコツ貯金するのが得意な八白土星は、高級な物は必要ない、無駄だと思われている方も多いと思います。しかし、同じ土星の二黒土星のように、**「高級な物」や「美しい物」、「知識を高めることができる物事」に触れることが開運のポイントです。**

ただし、高級な物を買うのではなく、それが持つ雰囲気や気品を感じて取り入れることが大切です。他にも美しい物をみたり、お花を生けたり、刺繍をしたりと、色鮮やかな空間を楽しむと良いでしょう。

● 高級感のある場所や高級なデパート・スーパーに行く

● 「宝塚」などの華やかな舞台をみる
● 舞踊、ダンスを習う、みる
● 写真を撮る
● 美術展、展覧会などをみに行く
● 生け花、フラワーアレンジメントを習う
● 水族館できれいな魚をみる
● 色彩豊かな刺繍を生活空間に取り入れる
● 色使いが豊富な絵画を置く、みに行く
● 美容室やエステティックなど美に関することをする
● 知識が高まる習い事をする
● 資格試験に挑戦する
● 本を読む
● 裁判を傍聴する

中には合わないと感じるような行動もあるかもしれませんが、開運につながりますので、ぜひ試してみてください。

◉九紫火星

行動も早く、常に動いていないと気が済まない性格の九紫火星なので、**「音の出る物」や「にぎやかなこと」、そして「旅」が開運につながります。**

カラオケや旅行は手軽にできますし、流行りの場所やお店に行くのもおすすめです。また、楽器を習ったり、人の会話をじっくり聴いたり、またボイストレーニングをしたりして、自身で声を発するのも良いでしょう。

休日を過ごすとすれば、ちょっと渋めに落語を楽しんだり、お笑いの動画を鑑賞したりするのがおすすめです。外に行くならば、高級なお店でお茶をするよりも、最近流行りのカフェに行ったり、にぎやかで活気のある街に出てウインドウショッピングを楽しんだりしながら、若々しく過ごしましょう。簡単にできそうなことから取り入れてみてください。

- カラオケに行く
- 楽器を弾く
- さまざまなジャンルの音楽を鑑賞する
- 落語を聴く
- 漫談、お笑い番組をみる
- 講演会やセミナーを聴きに行く
- 射撃を嗜む
- 花火をみる
- 遠方に旅行する
- 港に行く
- 船で旅行をする

- 着物や浴衣を着る
- 手紙やハガキを書く
- 流行りの場所に遊びに行く

派手好きでちょっと見栄っ張りなところもある九紫火星ですが、そんな性質に似つかわしいこれらの行動がおすすめです。

ここまで、本命星ごとにおすすめの開運行動をご紹介してきました。**共通しているのは、「普段の自分がやらないようなことをやってみる」ことです。**日頃の行動パターンというのは無意識のうちに決まってしまっているため、意識的に行動を変えてみることで運を呼び寄せられます。

おわりに

まれに、吉方を取ることですぐに効果が表れるケースもありますが、今日やって明日から突然運が良くなるということはそうそうありません。

開運しやすい状態になるまでは、コツコツと吉方を取り続けることが大切です。

これまで、凶方位を取り続けるなど「悪い負債」が貯まっている方はなおさらです。マイナスがいきなりプラスに転じることはそうそうありませんので、まずはプラスマイナスゼロを目指さなくてはいけないのです。

これは、ダイエットと同じです。痩せたいと思っているとき、ダイエットを始めたからといって、いきなり5キロ、10キロと体重が落ちる人はいません。皆さんは毎日コツコツと食べ続け、気がついたら今の体重になっていたはずです。それなのに、1日食事を抜いたぐらいでスタイル抜群になれるわけがないのです。

何にでもいえることですが、**何かを成し遂げたければ、それに向けた行動が習慣化するまでやり続ける必要があります。**

私は鑑定家として、皆さまからのご相談を解決すべく、アドバイスさせていただいています。もちろん、すぐに結果を出さねばならないこともありますが、100%の人が、今日、明日すぐに良い結果が出るわけではありません。だからこそ、開運も日々の積み重ねが大切なのです。

柴山壽子

柴山壽子
（しばやま・ひさこ）

方位学鑑定家

1998年、茨城県土浦市に事務所を開設。

2001年、宮城県仙台市に事務所を開設。

2003年、東京都品川区に事務所を開設。

2004年、日本文化振興会社会文化功労章受章。

2008年、易聖授与。

2009年、神奈川県「寒川神社」方徳資料館に方位学資料提供。

2016年、奈良県・大神神社奉賛会発起人・理事就任。

方位学の実効性を証明すべく検証を積み重ね、国内外問わず自らの体を使った研究で、独自の方位学を確立した。以来、各方面から相談、依頼を数多く受ける。著書多数。

視覚障害その他の理由で活字のままでこの本を利用出来ない人のために、営利を目的とする場合を除き「録音図書」「点字図書」「拡大図書」等の製作をすることを認めます。その際は著作権者、または、出版社までご連絡ください。

うまくいく人はやっている
開運する習慣

2023年6月8日　初版発行

著　者　柴山壽子
発行者　野村直克
発行所　総合法令出版株式会社
〒103-0001 東京都中央区日本橋小伝馬町15-18
EDGE小伝馬町ビル9階
電話　03-5623-5121
印刷・製本　中央精版印刷株式会社

落丁・乱丁本はお取替えいたします。

ISBN 978-4-86280-901-8
総合法令出版ホームページ　http://www.horei.com/